W9-AON-636

DR. SPENCER JOHNSON

Madre al minuto

punto de lectura

Título: Madre al minuto
Título original: *The One Minute Mother*
© 1983, Candle Communications Corporation
Publicado por acuerdo con William Morrow,
un sello de Harper Collins Publishers Inc.
Traducción: Alfredo Blanco Solís
© De esta edición: junio 2008, Punto de Lectura, S.L.
Torrelaguna, 60. 28043 Madrid (España)   www.puntodelectura.com

ISBN: 978-84-663-0737-6
Depósito legal: B-22.963-2008
Impreso en España – Printed in Spain

Portada: Beatriz Tobar

Impreso por Litografía Rosés, S.A.

DR. SPENCER JOHNSON

Madre al minuto

Traducción de Alfredo Blanco Solís

El símbolo de la cubierta

El símbolo de la «madre al minuto» —la representación de un minuto en un reloj digital— pretende recordarnos que nos tomemos un minuto de cada jornada, el que mejor nos venga a cada uno, para fijarnos en nuestros hijos.

Dedicado a mi madre

y a mis hijos,
Emerson y Cameron

Índice

Carta a las madres

Seguramente sepáis por propia experiencia que para ser una buena madre hace falta tiempo.

Sin embargo, existen formas de comunicarnos con nuestros hijos que sólo nos llevarán un minuto y que les ayudarán a gustarse a sí mismos y a *querer* portarse bien en muy poco tiempo.

Las técnicas son tan sencillas que puede que os resulte difícil creer que van a tener éxito. Por eso, quizás queráis hacer algo que han hecho otras madres y les ha funcionado: no juzgar los tres métodos de comunicación de los que os voy a hablar en este libro hasta haberlos probado vosotras mismas durante un mes.

Al hacerlo, comprobaréis cómo mejora el comportamiento de vuestros hijos. Y después, preguntadles cómo se sienten consigo mismos.

Estoy seguro de que descubriréis lo que tanto yo como otros padres con sentido práctico hemos logrado ya: que, tanto desde nuestro punto de vista como del de nuestros hijos… ¡funciona!

Dr. Spencer Johnson

 Madre al minuto

La búsqueda

Había una mujer joven y brillante que buscaba ser una madre eficiente.

Quería conocer los secretos prácticos de una buena educación para sus hijos. Y sabía que sólo podría desvelárselos alguien que ya los hubiera aplicado en su propia vida.

La joven embarazada habló de ello con su marido. Ambos estuvieron de acuerdo en que a ninguno de los dos se le había enseñado realmente a educar a sus hijos. Y ellos iban a tener uno muy pronto.

Así que decidieron que antes debían educarse ellos mismos, cada uno a su modo.

La joven pidió una baja en su trabajo. Mientras esperaba a que llegara el bebé, preguntó a otras madres cómo habían educado a sus hijos.

Durante los meses siguientes, habló con muchas mujeres: jóvenes y mayores, amas de casa tradicionales y mujeres que trabajaban fuera de su hogar, madres de muchos hijos y madres de hijos únicos, casadas y solteras, madres de preescolares y de adolescentes, madres que se tomaban su tarea con una enorme responsabilidad y otras que habían sabido conservar su sentido del humor.

La joven estaba empezando a descubrir las diversas formas en que las mujeres educan a sus hijos.

Advirtió cuánto se preocupaban por sus hijos las mujeres con las que hablaba. Se dio cuenta de lo mucho que se esforzaban por ser buenas madres.

Sin embargo, también supo ver lo que a menudo muchas no querían ver, los resultados de una educación pobre: la rebeldía o la indiferencia en los ojos de sus hijos; la pena o la frustración en los de sus padres. No le convencía nada lo que encontraba.

Estaba segura de que había un modo mejor.

Sabía que los resultados de una buena educación eran el cariño, la tranquilidad y la felicidad en el hogar, tanto para los padres como para los hijos.

Y estaba decidida a lograrlos.

Había conocido a muchas madres «duras», que imponían una férrea disciplina a sus hijos.

Puesto que mostraban tal firmeza y determinación en su empeño, sus amigas pensaban que eran madres excelentes.

Pero muchos de sus hijos no pensaban lo mismo.

Cuando la mujer joven hablaba con estas madres «duras», les preguntaba: «¿Qué tipo de madre piensas que eres?».

Sus respuestas apenas variaban.

«Soy una madre conservadora —le contestaban—, chapada a la antigua, tradicional».

Percibía el orgullo en sus voces, y la preocupación por el buen comportamiento de sus hijos.

La joven también conoció a muchas madres «agradables», que procuraban anteponer los sentimientos de sus hijos sobre todo lo demás.

Como se mostraban tan comprensivas y receptivas, mucha gente creía que eran muy buenas madres.

Sus hijos, sin embargo, pensaban otra cosa.

Cuando nuestra joven les hacía a estas madres «agradables» la pregunta «¿Qué tipo de madre piensas que eres?», siempre escuchaba lo mismo: «Soy una madre moderna», «soy comprensiva», «una madre que siempre está ahí».

Notaba el orgullo en sus voces; la preocupación por la autoestima de sus hijos.

Pero había algo que no encajaba.

Se diría que la mayoría de las madres del mundo se interesaban o bien por el buen comportamiento de sus hijos, o bien por su autoestima, pero nunca por las dos cosas a la vez.

A las madres a las que les interesaba el buen comportamiento de sus hijos se las llamaba con frecuencia «autoritarias», y a las que anteponían la autoestima a la disciplina, «permisivas».

La joven pensaba que ambos tipos de madres —las autoritarias y las permisivas— eran eficientes, pero sólo en parte. Sabía que cada una de estas mujeres hacía lo que podía, basándose en lo que estaba en su mano. «Sin embargo —pensó—, da la impresión de que son madres *a medias*».

Siguió hablando con otras mujeres, algunas de barrios distintos al suyo, pero no sacó nada en claro. Volvió a casa tras la búsqueda, cansada y desmoralizada.

Nuestra joven podría haber abandonado la busca de una madre eficiente mucho antes, pero contaba con una gran ventaja: sabía exactamente lo que quería encontrar.

Mas tarde le diría a su marido: «Una madre realmente eficiente sabe, de alguna manera, cómo obtener lo mejor de cada método educativo. Sabe qué hacer para que sus hijos se gusten a sí mismos y a la vez se porten bien. Y, quizá, lo más importante: sabe cómo pasárselo bien en el proceso».

Finalmente, tras hablar con muchas otras madres, la joven comenzó a oír historias maravillosas que hablaban de una mujer muy interesante, llena de energía. Siendo ya una persona mayor, esta mujer seguía exprimiendo lo mejor de la vida. Parecía encontrar siempre tiempo para todo.

Lo que llamó la atención de la joven fue escuchar que esta señora mayor era, además, una «madre especial», una mujer que conocía un método increíblemente simple y efectivo para educar a los hijos.

Le contaban que había criado tres maravillosas hijas con muy poco esfuerzo. Todas ellas habían sido jóvenes bien educadas y habían llegado a la madurez convertidas en personas prósperas, felices y equilibradas.

Las tres hijas de esta mujer habían tenido, a su vez, hijos. Y habían usado el mismo método educativo que su madre, consiguiendo los mismos éxitos.

La joven se preguntaba si estas historias serían reales. Y, de serlo, si esta mujer compartiría sus secretos con ella.

Encontró su número en la guía telefónica y la llamó:

—He oído que conoce un método educativo muy eficaz —le dijo—, y estaba pensando si podría pasarme por su casa para hablar con usted.

—Por supuesto —contestó La Madre—. Será un honor. Estaré encantada de que se pase por aquí cuando quiera.

Madre al minuto

Cuando la joven se dirigía a casa de La Madre, esperaba encontrarse con una abuela. En vez de eso, le dio la bienvenida una mujer vibrante, atractiva, que aparentaba muchos menos años de los que tenía. La joven se preguntó si su aspecto tendría algo que ver con su método educativo.

Tras ponerse cómodas ante una taza de té, La Madre dijo:

—Bien, ¿qué puedo hacer por usted?

Después de dudar unos segundos, la joven contestó:

—He oído que educó muy bien a sus hijas, y que lo hizo con un método muy especial.

La Madre le respondió con una sonrisa:

—Estoy muy orgullosa de mis hijas. Las tres se han convertido en adultas felices y capaces.

Cuando comenzó a sentirse más cómoda, la joven abrió un cuaderno y preguntó:

—¿Le importa que tome algunas notas?

La Madre rió y dijo:

—En absoluto. Siempre, claro, que sea consciente de que yo no tengo todas las respuestas y de que nunca he sido una madre perfecta. Digamos que aprendí algunos pequeños secretos que supusieron una gran mejora en nuestras vidas.

La joven estaba ansiosa por saber cuáles eran, así que sugirió:

—Podríamos empezar por la disciplina. Muchas madres me cuentan que es una parte difícil. ¿Cómo consiguió que sus hijos fueran disciplinados?

—No lo hice —contestó La Madre.

La visitante, sorprendida, preguntó entonces:

—¿Cómo?

La Madre sonrió y dijo:

—En realidad, no les impuse ninguna disciplina a mis hijas. Tan sólo las ayudé a que se disciplinaran por sí mismas. De ese modo —prosiguió—, es mucho menos cansado.

—Entonces, es usted una madre permisiva —sugirió la joven.

—No, en realidad, no —respondió La Madre—. Sencillamente, creo que ser una buena madre no tiene por qué ser algo agotador. Me temo que un método permisivo contribuye a que los hijos se vuelvan rebeldes. Y ese tipo de hijos agota a cualquier padre.

La joven intervino, tratando de parecer una entendida en el tema:

—Así que usted es consciente de la necesidad de un buen comportamiento. Y por eso es más sensible a éste que a la autoestima.

La Madre se incorporó en su asiento y le dijo tranquilamente:

—Escucho ese tipo de discurso con mucha frecuencia. Es como preguntarse qué fue antes, si el huevo o la gallina. ¿Qué es mejor, lograr un buen comportamiento o una buena autoestima? A pesar de lo complicado que puede parecernos educar, en muchas ocasiones, la respuesta es bien sencilla. —Se levantó y fue hasta su escritorio. Cogió algo y regresó—. Mire esto —dijo, y le ofreció a la joven una placa—. Cuando mis hijas eran pequeñas, siempre la tenía cerca para que me recordara una de las verdades fundamentales de la educación.

A los niños que se gustan a sí mismos
les gusta portarse bien.

—Una vez que asumes este principio tan sencillo —dijo La Madre—, resulta mucho más fácil tratar con tus hijos.

La joven preguntó:

—¿Es de verdad tan importante?

Y la mujer, con una sonrisa, contestó:

—Es la idea básica que subyace a mi forma de educar. De hecho, puede llegar a ser la diferencia entre que la familia sea una bendición o una carga.

En ese momento, La Madre dejó que la joven descubriera la respuesta por sí misma.

—La mejor forma de llegar a la verdad —dijo luego— es hacerse esta pregunta: «¿Es esta verdad compatible con mi propia experiencia vital?». Piense en su infancia —la animó La Madre con ternura—. Y ahora pregúntese: «¿Cuándo me portaba mejor, cuando me sentía bien conmigo misma o cuando me sentía mal?».

La joven asintió, comenzando a entender:

—Supongo, ahora que lo pienso, que actuaba mejor cuando me sentía bien conmigo misma.

—¡Por supuesto! —exclamó La Madre, encantada—. Nos pasa a todos.

La joven se levantó de la silla y volvió a colocar la placa en el escritorio. Se detuvo un momento, reflexionando.

—Así que —dijo en voz alta—, ayudar a los niños a que se sientan bien consigo mismos es una clave para conseguir que se porten bien. ¿Es eso lo que me está diciendo?

—Sí —respondió La Madre—. Y la buena noticia es que cuando ayudas a tus hijos a que se gusten a sí mismos, ellos te ayudan a ti haciendo mejor las cosas.

El interés de la joven aumentó.

—Ha dicho antes que no era una madre permisiva. Entonces —preguntó—, ¿cómo se describiría?

—Es fácil —respondió La Madre con una sonrisa—. Soy la «madre al minuto».

La sorpresa se reflejó en el rostro de la joven. Obviamente, nunca había oído hablar de la madre al minuto. Así que le preguntó con incredulidad:

—¿Que es qué?

La mujer se echó a reír.

—Es lo que me llaman mis hijas. Ya sé, claro, que ser una buena madre lleva su tiempo. Pero, volviendo a lo importante, esto me recuerda tres formas de comunicarme con mis hijas que apenas llevan un minuto cada una. Estas tres sencillas técnicas de comunicación ayudaron a mis hijas, con certeza, a aprender a gustarse a sí mismas y a querer portarse bien.

—¡Parece demasiado bonito para ser verdad! —contestó la joven embarazada.

—Lo sé —respondió La Madre sonriendo—. Yo también me sentí así cuando conocí a aquel padre del vecindario hace muchos años. Le llamaban el «padre al minuto». Fue él quien me desveló los secretos de estas tres formas de comunicación *al minuto*. Cuando los puse en práctica por mí misma, resultó que funcionaban. Con el tiempo me di cuenta de que el enfoque de una madre es algo distinto al de un padre —continuó—. Así que simplemente los adapté para que me dieran un mejor resultado.

—¿Está diciendo que los mismos secretos funcionan también para los padres, sólo que de forma distinta? —sugirió la futura madre.

—Exactamente —le aseguró la señora.

La joven dijo entonces:

—Mi marido se alegrará de oírlo. También él está hablando con mucha gente y leyendo libros para aprender a ser un buen padre. —La joven sonrió, y añadió—: Supongo que es fácil deducir que se trata de nuestro primer hijo.

—Espero que no tenga que aprender por el método de ensayo y error —sugirió La Madre—, que fue como yo aprendí. Al final, he descubierto que educar bien no tiene por qué ser algo difícil. De hecho, he aprendido de mi propia experiencia que educar bien de verdad resulta sencillo y divertido, y que se disfruta un montón, tanto por parte de los padres como de los hijos.

La joven sintió un gran regocijo. ¡Eso era lo que ella estaba buscando! Ansiosa, le preguntó:

—¿Y cuáles son los secretos?

—Mejor que preguntarme a mí —respondió La Madre—, debería hablar con mis hijas. Ellas saben mejor que nadie si es bueno o no, desde el punto de vista de los hijos, tener una madre al minuto.

Entonces le pidió a la joven que arrancara una hoja de su cuaderno y escribió algo en ella.

—Aquí están sus nombres y sus números de teléfono.

—Gracias —contestó la joven—. Me encantará hablar con sus hijas. Pero antes de irme me gustaría preguntarle algo: cuando dijo que se trataba de tres «secretos», ¿quería decir que usó esas tres técnicas educativas con sus hijas sin que ellas lo supieran?

—No, todo lo contrario. He utilizado la palabra «secretos» por mi peculiar sentido del humor. En realidad, cada uno de esos secretos es algo que la mayoría de nosotros, de algún modo, *sentimos*. Pero como hay tan poca gente que utiliza lo que sabe, uno puede pensar que se trata de secretos.

—Las compensaciones de verdad nos llegan, por supuesto, cuando, como padres, echamos mano de nuestro sentido común y lo usamos como algo normal en nuestras casas.

»No. Nunca les oculté nada a mis hijas. Como la mayoría de nosotros sabe por propia experiencia, las cosas funcionan mejor cuando se es sincero con la gente. Eso evita muchos problemas.

»Siempre les dije a mis hijas que no quería manipularlas. Y que tampoco quería que ellas lo hicieran conmigo. Creo que lo que les dije fue: "No quiero ser ni una dictadora ni un felpudo".

»Les hablé de los tres métodos antes de comenzar a usarlos. Se los describí con toda claridad y luego las animé a que los usaran conmigo.

»Al final aprendí por las malas que entenderse con los hijos es como conducir un coche por una vía de doble sentido: funciona todo mucho mejor cuando el tráfico es fluido en ambas direcciones.

»Así que, cuando esté aprendiendo los tres secretos, no olvide que funcionan mucho mejor cuando se anima a los hijos a ejercitar sus derechos como personas, a comunicarse con usted también en lo concerniente a lo que *ellos* piensan y sienten.

—Gracias —contestó la joven—. Lo haré.

Se levantó, estrechó la mano de su anfitriona y se marchó.

Cuando se encontró sola en el coche, miró el cuaderno y vio los nombres de las tres hijas. Estaba deseando hablar con cada una de ellas: Patricia Gavin, Susan Saunders y Elizabeth Franklin.

El primer secreto:
marcar los objetivos al minuto

Esa noche la joven fue recibida en casa de los Gavin: William, Patricia y sus tres hijos: dos chicos, de dieciséis y doce años, y una niña de nueve.

Cuando llegó la invitada, los niños estaban entretenidos con un ruidoso videojuego. Su padre, igualmente escandaloso, hacía de árbitro.

Después de que se presentaran unos a otros, Will y los niños se disculparon y dejaron que las dos mujeres pudieran hablar tranquilamente.

Pat Gavin estaba alegre y relajada. Al igual que su madre, parecía satisfecha consigo misma. Y también aparentaba menos años de los que tenía.

—Creo que has estado con mi madre —comentó la anfitriona—. Menuda mujer, ¿no?

—A decir verdad, Sra. Gavin —respondió la visita—, en realidad no estuve con ella mucho tiempo.

—Por favor, llámame Pat —dijo la hija—. Y haz caso de lo que te dice alguien que sabe de qué habla: ¡es una mujer maravillosa! ¿Te habló de convertirte en una madre al minuto?

—Por supuesto. No es cierto, ¿verdad? Quiero decir, me recordó que en realidad lleva mucho tiempo ser una buena madre. Pero ¿es verdad que dedicaba tan poco tiempo a vuestra educación y aun así sacaba tan buenos resultados?

—Bueno, la verdad es que le llevaba muy poco tiempo —confirmó la hija—. Pero como tengo entendido que vas a visitar también a mis otras hermanas —continuó, sonriendo—, te dejaré que juzgues por ti misma.

La joven valoró que la hija no estuviera intentando convencerla de nada. Le preguntó:

—¿Sentías que tu madre se ocupaba de ti el tiempo suficiente?

La mujer reflexionó un momento y dijo:

—Recuerdo cuando murió mi padre. Aunque ya éramos todas adolescentes, mi madre tuvo que seguir yendo a trabajar para mantener a la familia. Entonces, ninguna de nosotras disfrutó de ella el tiempo que hubiéramos querido —y añadió—: Sin embargo, yo sentía que se ocupaba de mí el tiempo suficiente. Lo que sí recuerdo bien es que el tiempo que pasaba conmigo me hacía sentir especial.

—¿Puedes ponerme un ejemplo de cómo te hacía sentir especial? —le preguntó la joven.

—Sí. Cuando yo estaba aprendiendo algo nuevo, por ejemplo, siempre me hacía sentir que era capaz de lograrlo.

—¿Cómo lo conseguía?

—Para empezar, se sentaba a la mesa de nuestro comedor y marcaba los «objetivos al minuto» conmigo.

—¿Marcaba los objetivos al minuto? —se sorprendió la huésped—. Tu madre me contó que era una madre al minuto, pero nunca me habló de marcar objetivos al minuto. ¿De qué se trata?

—Ése es el primero de los tres secretos de la educación al minuto —anunció la hija.

—¿Tres secretos?

—Sí —contestó—. Marcar los «objetivos al minuto» es el primero de ellos, y el fundamental para la «educación al minuto». Por desgracia, muy pocos padres lo conocen. Por ejemplo, cuando les preguntas a padres e hijos cuáles creen que son sus objetivos y después comparas sus respuestas, ¿con qué crees que te encuentras?

La joven sonrió y dijo:

—Pat, en alguna de las familias que he visitado, cualquier relación entre los objetivos de los padres y los de los hijos era pura coincidencia.

—Claro —prosiguió la hija—. Muchas veces los problemas surgen porque las personas no tienen la menor idea de lo que quiere el resto de la familia.

La joven asintió. Se acordó de su propia infancia. Recordó con qué frecuencia le había

47

ocurrido eso mismo a ella y lo doloroso que había sido. Después le preguntó:

—¿Pasa eso alguna vez en tu familia?

—Casi nunca. La madre al minuto ayuda a sus hijos a entender cuáles son sus objetivos —y añadió—: Una de las mejores cosas de mi madre es que también me enseñó a convertirme en una madre al minuto.

Eso era justo lo que quería saber la joven.

—¿Cómo se consigue eso? —le preguntó.

—Siendo eficiente —contestó la hija con una sonrisa.

Y siguió con la explicación.

—Para empezar, usamos objetivos al minuto. Se trata, simplemente, de las cosas que nos gustaría que pasaran en nuestra familia. Las escribimos en una única hoja de papel y no pueden ocupar más de 250 palabras.

—¿Ponéis vuestros objetivos por escrito?

—Sí —respondió la mujer—. Eso es muy importante. La gente que pone sus objetivos por escrito se acuerda de ellos con mucha más frecuencia que quienes no lo hacen.

—Ya veo —dijo la joven mientras lo anotaba—. Pero ¿por qué han de escribirse en menos de 250 palabras y en una única hoja de papel?

—Para que todos podamos leerlos y revisarlos en solo un minuto.

—¿Qué importancia tiene eso? —preguntó la visitante.

—Cuanto más rápido podamos revisar nuestros objetivos, con más frecuencia lo haremos —explicó la hija—. Y cuanto más a menudo los revisemos, más pronto se integrarán en nuestro pensamiento, en una parte más de nuestra vida familiar.

La joven lo anotó: «Se les llama objetivos al minuto porque sólo se tarda un minuto en revisarlos». Mientras escribía en su cuaderno, preguntó:

—¿Puedes ponerme algún ejemplo concreto?

—Bueno, hay dos tipos de objetivos: los objetivos del tipo «Nosotros» y los del tipo «Yo». Los del tipo «Nosotros» son los compartidos por dos o más miembros de la familia; los del tipo «Yo» son los que pertenecen a un único miembro. Por ejemplo, hace varios años tuvimos algunos problemas cuando intentábamos que uno de nuestros hijos se acostara pronto. Solía ser algo muy molesto, con llantos y gritos.

—¿Y qué hicisteis?

—Una noche, mi marido, mi hijo Billy y yo estuvimos alrededor de una hora tratando de solucionarlo. Todos estábamos de acuerdo en que deseábamos dos cosas: la primera, que tanto Billy como nosotros queríamos pasarlo bien por la noche, y la segunda, que necesitábamos estar descansados por la mañana. Ése fue el objetivo que nos fijamos.

»Él era aún tan pequeño —apuntó la mujer— que para ponerlo por escrito tuvimos que ayudarlo: dibujamos una cara sonriente por la noche, otra durmiendo, y otra igualmente feliz por la mañana. Le animamos a que mirara el dibujo cada noche, después de la cena.

»Más tarde acordamos un plan, que yo puse por escrito. Se lo leímos a Billy durante las primeras noches. Sólo nos llevaba un minuto: en días de diario, Billy se iba a la cama a las siete y media. Podía dejar la luz encendida y, estando ya en la cama, leer un cuento o hacer cualquier otra cosa hasta que le avisáramos de que eran las ocho. Le compramos un despertador y le hicimos responsable de levantarse por sí mismo a su hora, sin quejarse. Los fines de semana podía quedarse despierto dos horas más, salvo que tuviera que levantarse pronto por la mañana, en cuyo caso tendría que irse a la cama a la misma hora que los días de diario.

—¿Funcionó? —preguntó la visita.

—En líneas generales, sí —contestó la mujer—. Billy notó que tenía voz en lo que se organizaba y le pareció justo.

—¿Y qué hacíais cuando no resultaba, Pat?

—Eso es parte del tercer secreto —le dijo sonriendo—. Ya llegaremos.

—Bien —respondió la joven, intentando no parecer impaciente —, ése era un objetivo del tipo «Nosotros». ¿Podrías ponerme ahora un ejemplo de uno del tipo «Yo»?

—Vamos a preguntar a Billy —contestó su madre—. Ha crecido mucho desde que le hacíamos los dibujos.

Se disculpó para salir y volvió con su hijo.

El chico, de doce años, saludó y entregó a la joven una hoja con una lista de objetivos. Había dos: «1) Voy a lograr ir a esquiar con el colegio el 2 de febrero gracias a mi esfuerzo, que me permitirá ganar 150 dólares. 2) Voy a sacar un notable en mi examen de matemáticas del 5 de mayo, pues voy a estudiar "mates" todos los días durante al menos media hora».

La joven le preguntó al chico:

—¿Qué te parece la idea de poner tus objetivos por escrito?

—Al principio no me gustaba —contestó—. Me parecía una pérdida de tiempo. Pero ahora me gusta anotarlos cuando quiero algo de verdad.

—¿Por qué te convence ahora?

Se echó a reír y contestó:

—¡Porque me ayuda a conseguir lo que quiero!

El chico y la joven se quedaron hablando un rato. Se habían caído bien. Después, él pidió permiso para irse y salió. La joven se giró hacia la madre y le comentó:

—No lo entiendo. ¿Por qué cuando escribís vuestros objetivos parece como si ya los hubierais logrado?

—Recuerda, te dije que «los objetivos son lo que nos gustaría *ver* que pasa» —respondió—. Pues bien, en nuestra familia los *vemos* mentalmente antes de que sucedan.

»Al escribir nuestros objetivos como si ya estuviéramos consiguiéndolos, utilizamos un secreto que muchas personas de éxito han usado en sus vidas. Y descubrimos lo mismo que ellos: ¡que funciona!

»Casi siempre conseguimos la mayor parte de nuestros objetivos.

—Déjame ver si lo he entendido —dijo la joven—: escribís lo que queréis que ocurra, lo que estáis haciendo exactamente para que ocurra y la fecha aproximada en la que os gustaría verlo cumplido. Y después, lo revisáis con frecuencia.

—Sí, nos hemos dado cuenta de que cuanto más a menudo escribimos y revisamos lo que deseamos, más probabilidades tenemos de conseguirlo.

»De hecho —añadió la mujer—, para animarnos unos a otros, todos tenemos copia de los objetivos de los demás.

—¿Y no es mucho papeleo?

—No, en realidad, no —dijo Pat—. Como me decía a menudo la madre al minuto durante mi infancia, tan sólo un 20 por ciento de nuestros esfuerzos producen el 80 por ciento de los resultados que buscamos. Así que en nuestra familia nos marcamos los objetivos al minuto partiendo de esa base del 20 por ciento. Aunque claro, si surge algo especial, podemos marcarnos un objetivo al minuto especial. Pero siempre en una sola hoja de papel.

—Parece un método muy eficaz —comentó la chica—. Creo que entiendo la importancia de marcarse objetivos al minuto. Da la impresión de que el sistema evita las sorpresas, pues todo el mundo sabe lo que es importante para el resto de los miembros de la familia.

—Eso es —acordó la mujer.

—¿Y supones que tus hijos sabrán llevar a cabo lo que han acordado? —preguntó la joven.

—No —contestó la mujer—. Una vez que los niños conocen las responsabilidades inherentes a un buen comportamiento, les mostramos qué se asemeja a un buen comportamiento.

—¿Por ejemplo?

—Si su responsabilidad es, pongamos, ordenar su habitación y parte de ello consiste en hacer la cama, antes de nada les enseñaré a hacer la cama: despacio y con cuidado.

—¿Y eso no lleva mucho tiempo? —quiso saber la visita.

—Sólo al principio —dijo su anfitriona—. Pero el tiempo invertido al principio compensa con creces. Si los niños, aunque esto vale para cualquiera, ven cómo se hace algo correctamente y se les enseña lo que se espera de ellos, se les está ayudando a evitar el fracaso.

—¿Quieres decir que ya no hará falta echar mano constantemente del Servicio de Seguridad y Salvamento?

—Así es —le confirmó la mujer—, aunque no del todo. A veces los más pequeños necesitan que se les recuerde lo que han pactado.

La joven se quedó pensando un momento y dijo:

—Antes mencionaste que sólo un 20 por ciento de lo que hacemos nos reporta el ochenta por ciento de lo que perseguimos. ¿Pero cómo sabes cuál es ese veinte por ciento importante?

La mujer se levantó y comenzó a pasear por el salón. Entonces le preguntó a su huésped:

—¿Te apetece alguna cosa?, ¿algo de comer o de beber?

Tras un educado «No, gracias», siguió deambulando por el salón. Evidentemente, Pat Gavin era una mujer reflexiva. Se diría que hubiera estado pensando en este tema recientemente.

—Haces buenas preguntas —dijo finalmente—. Uno puede imaginarse cuál es su 20 por ciento importante cuando aprende a hacerse la pregunta «¿Qué es lo importante ahora?».

»Antes utilizaba listas de Tareas Pendientes —dijo la mujer—. Pero me deprimían, porque parecía que nunca lograba terminarlo todo.

»Hasta que descubrí una fórmula sencilla para saber qué debía hacer en cada momento.

Previsualizaba el día, o la semana, el mes, el año..., lo que fuera, preguntándome "¿Qué es lo más importante?". Y luego lo *revisualizaba* haciéndome la pregunta ¿He hecho lo más importante?

La joven, emocionada al creer haberlo entendido, dijo:

—Si no conseguiste hacer las cosas importantes ese día, es fácil saber qué tienes que hacer al día siguiente. Y si lo conseguiste, no importa que no hayas hecho todas las demás.

—Exactamente —dijo la mujer—. Todo se resume en tener objetivos al minuto. De hecho —añadió—, voy a mostrarte la placa que tengo en mi escritorio y que leo cada mañana antes de empezar el día.

Me tomo un minuto.
Echo un vistazo a mis objetivos.
Me fijo en mi comportamiento.
Veo si mi comportamiento
es compatible con mis objetivos.

La joven le devolvió la placa y le preguntó:

—¿Cuando dices que te fijas en tu comportamiento, quieres decir que *miras* algo concreto, como haces cuando miras tu agenda?

—Exactamente. Eso es lo que quiero decir.

—Eso es fantástico —exclamó la visita—. ¿Puedo copiarte la idea? —preguntó.

—Por supuesto. Espero que la utilices. Yo aprendí de otras personas casi todo lo que sé de la educación al minuto, sobre todo de mi madre, y es un placer compartirlo contigo —y añadió—: Miro mis objetivos al menos una vez al día, y animo a mis hijos a que hagan lo mismo. Luego, los sábados por la mañana, revisamos juntos nuestros objetivos individuales y nuestros progresos como familia. Esto marca la diferencia claramente.

La joven comenzó a escribir en su cuaderno tan rápidamente como pudo. Después se detuvo y dijo:

—Si no te importa, me gustaría tomarme unos minutos para escribir un resumen de lo que he aprendido sobre establecer objetivos al minuto.

—Claro —contestó la hija—. Estaré en la cocina. Llámame cuando hayas acabado.

La joven, que aprendía rápido, escribió sus notas como si ya hubiera usado el método ella misma.

Los objetivos al minuto: resumen

Los objetivos al minuto funcionan bien en la familia cuando:

1. Tenemos claros nuestros objetivos como familia (los del tipo «Nosotros») y como individuos (los del tipo «Yo»).

2. Nos esforzamos por alcanzar acuerdos, de modo que todos sintamos que estamos obteniendo lo que deseamos de la familia.

3. Cada uno de nosotros escribe sus objetivos en no más de 250 palabras y en una sola hoja de papel, de modo que sólo nos lleve un minuto releerlos.

4. Nuestros objetivos son específicos, mostrando exactamente lo que a cada uno de nosotros

le gustaría que ocurriera y cuándo *(Tengo que…
Voy a lograr… Lo voy a conseguir el día…)*.

5. Cada uno de nosotros relee sus objetivos a menudo para convertirlos en hábitos mentales, en una forma de pensar.

6. Cada cierto tiempo sacamos un minuto para mirar nuestros objetivos, observar nuestro comportamiento y pensar si éste es compatible con aquéllos.

7. Animamos a nuestros hijos a que hagan lo mismo.

8. Una vez a la semana nos reunimos para disfrutar juntos revisando los objetivos y progresos de la familia.

El segundo secreto:
los elogios al minuto

Poco después de que la joven hubiera escrito su resumen, la hija de la madre al minuto regresó:

—¿Tienes más preguntas?

—Sólo una más, Pat. ¿Cómo consigues que tus hijos *quieran* marcarse objetivos?

Antes de que la mujer pudiera responder, Amy, su hija de nueve años, entró en la habitación y dijo:

—Perdona, mamá, pero ya he acabado mis deberes. ¿Puedo decirle a Jeanne que venga a jugar un rato?

Cuando ya se iba, habiendo obtenido el permiso, la joven le preguntó a la niña:

—Amy, ¿qué es para ti marcarse un objetivo?

—Bueno, es fácil —respondió la pequeña. Había respondido a preguntas mucho más difíciles mientras estudiaba—. Marcarme un objetivo es ponerle fecha a un sueño.

Cuando la mujer vio a su hija retirarse a jugar, dijo con ternura:

—Ahí está gran parte de la respuesta. A mis hijos les gusta tener sueños. Y si me preguntas por qué, supongo que querrás conocer el segundo secreto de la educación al minuto.

—¿Y bien? —preguntó la joven, mirando su reloj.

La mujer sonrió.

—Creo que has quedado para comer mañana con mi hermana Susan. Dejaré que sea ella quien te lo cuente. —Y acompañó a su huésped hasta la puerta.

—Muchas gracias por tu tiempo —dijo la joven.

—De nada. La verdad es que ahora tengo tiempo. Te habrás dado cuenta de que me he convertido en una madre al minuto.

La huésped se fue, anhelando que llegara el día siguiente.

Mientras conducía hacia la casa de la segunda hija de la madre al minuto, la joven pensó en lo sencillo que era lo que había aprendido la tarde anterior: «En realidad tiene sentido. Y qué forma tan clara y sencilla de ayudar a los niños a que solucionen sus problemas por sí mismos. Creo que les ayuda a comprender el significado del compromiso y la responsabilidad».

Al acercarse al edificio de apartamentos, la joven se preguntó por qué Susan Saunders le habría propuesto quedar tan tarde a comer. Pronto lo averiguó. La segunda hija le contó que asistía a un programa de formación todas las mañanas, además de educar a sus dos hijos: un chico de once años y una niña de cuatro. Cuando estaban en casa, le gustaba estar con ellos.

—Es muy amable por tu parte invitarme a almorzar y ayudarme a comprender la educación al minuto —le dijo.

—Me encanta hacerlo —respondió la segunda hija—. Si hubiera más madres que usan los tres secretos de la educación al minuto, tendríamos más familias felices, más vecindarios agradables y mejores comunidades. Y lo digo en serio. ¡De verdad!

Entonces, la mujer se echó a reír y continuó:

—Perdona, pero me dejo llevar… —El brillo de sus ojos reflejaba su felicidad. La joven se encontró muy a gusto en compañía de aquella madre, así que disfrutaron de un almuerzo muy agradable.

Más tarde, la segunda hija le dijo:

—Creo que ya has estado con mi madre. Menuda mujer, ¿no?

La joven empezaba a acostumbrarse a que se refirieran a la madre al minuto como «menuda mujer».

—Supongo que sí —respondió la joven prudentemente—. ¿Qué es lo que os gustó especialmente de vuestra madre y de la forma en que os educó?

—Me gustaron muchas cosas. Pero una de las mejores es que mamá, mis hermanas y yo siempre supimos el terreno que pisábamos. Sabíamos perfectamente qué se esperaba de nosotras y también que se nos quería mucho. Para una niña, eso aporta bastante seguridad.

—Sí, tu hermana Pat me habló de los objetivos al minuto.

—Bueno, en realidad yo estaba pensando en los «elogios al minuto» —dijo la mujer.

—¿Elogios al minuto? —preguntó la joven—. ¿Es ése el segundo secreto para convertirse en una madre al minuto?

—Sí, eso es. De hecho, yo creo que el segundo secreto de la madre al minuto es la técnica más eficaz de todas.

La joven se echó hacia delante y sacó su libreta.

—Es muy sencillo —comenzó Susan—. Mamá me contó muy pronto que me iría mucho mejor en la vida si era consciente de cómo hacía las cosas. Y por ese motivo, me aclaró, iba a dejarme muy claro cuándo le gustaba el modo en que yo hacía las cosas y cuándo no.

»También me dijo que quería que nosotras hiciéramos lo mismo con ella.

»Pero me advirtió de que todo eso podría no resultar agradable para ninguna de nosotras.

—¿Por qué? —quiso saber la joven.

—La madre al minuto sabe que al principio esta situación no es agradable ni para los padres ni para los hijos.

—Y ¿eso por qué?

—Porque, como ella decía, la mayoría de los padres no tratan a sus hijos así, y tampoco los hijos están habituados a ese trato. Pero recuerdo que me aseguró que vivir esa experiencia me sería de gran ayuda. Y que también le ayudaría a ella.

»Hay otra cosa que deberías saber. Mamá me advirtió de que no esperara que ella hiciera las cosas siempre bien. A veces ella podría estar cansada o tener algo importante en la cabeza. Y podría olvidarse de usar este segundo secreto.

—En otras palabras —atajó su huésped—, la madre al minuto era como todos nosotros. También se equivocaba y en ocasiones también os decepcionaba.

—Por supuesto —respondió la hija—. Pero lo importante es que cuando se acordaba de usar el segundo secreto, éste hacía maravillas con nosotras.

—¿Puedes explicarme cómo funciona exactamente?

—Sí, claro. Poco después de que mi madre marcara conmigo los objetivos al minuto, solía fijarse en mí más de lo habitual.

—¿Y para qué te observaba? —quiso saber la joven.

—Intentaba pillarme haciendo algo bueno.

—¿Pillarte?, ¿haciendo algo bueno? —repitió sorprendida la joven.

—Sí. De hecho, en cada una de nuestras familias tenemos un lema que dice:

Ayudo a mis hijos
a alcanzar
todo su potencial.

Les pillo
haciendo
algo bueno.

Susan Saunders continuó:

—En la mayoría de las familias, los padres pasan mucho tiempo tratando de pillar a sus hijos haciendo algo… ¿qué?

La joven sonrió (empezaba a entenderlo) y respondió:

—Algo malo.

—Bien, pues aquí nos sorprendemos unos a otros haciendo algo bueno —dijo la mujer.

La joven tomó unas notas y después preguntó:

—¿Y qué es lo que haces tú, Susan, cuando pillas a tus hijos haciendo algo bueno?

—Es en ese momento cuando les hago un elogio al minuto —contestó la mujer con satisfacción.

—¿Y eso qué significa? —quiso saber la joven.

—Bueno, cuando veo que alguno de mis hijos ha hecho algo que me hace sentir especialmente bien, me acerco a él, lo rodeo con el brazo, le miro a la cara y le digo dos cosas: en primer lugar, le cuento detalladamente lo que ha hecho, y después le explico cómo me siento yo gracias a ello. Luego dejo pasar unos segundos en silencio para que él se dé cuenta de cómo me siento.

Justo en ese momento, las mujeres oyeron un portazo.

—Perdona —dijo la anfitriona, y llamó a su hijo—: ¿Te las han dado, Jimmy?

—Sí, mamá.

—Bueno, pues tráelas aquí, cariño. Estoy deseando verlas. —No hubo respuesta. Susan Saunders volvió a llamarle—: ¿Estás bien, Jimmy? ¿Ha ido todo bien en el colegio?

Pareció pasar una eternidad hasta que el niño de once años entró lentamente en el salón. Le dio a su madre la cartilla con las notas. Ella la miró con detenimiento.

El chico estaba inquieto. Sabía lo que traía: dos sobresalientes, tres notables y un suspenso, este último en Historia.

—James Saunders —empezó a decir su madre. Hizo una pausa. Volvió a mirar la cartilla y exclamó—: ¡Eres genial!

El muchacho sonrió.

—¡Vaya! —exclamó ella con entusiasmo—. ¡Dos sobresalientes y tres notables!

Rodeó al chico con sus brazos y le dijo:

—Estoy muy contenta, Jimmy. Me siento muy bien gracias a tu éxito.

Él le dio un abrazo rápido y luego pareció sentirse incómodo.

—¿Puedo ir a jugar? —preguntó—. Sólo un ratito...

La mujer sonrió y le contestó:

—Quien saca sobresalientes y notables en casi todo puede pasarse toda la tarde jugando.

El chico sonrió de oreja a oreja y desapareció con un «Gracias, mamá» y un portazo. Después, volvió a entrar un momento y dijo:

—Te quiero, mamá.

La joven, sorprendida, miró el espacio ocupado por el niño hasta ese momento y dijo:

—No lo entiendo. Tu hijo traía un suspenso...

—Sí. Me temo que sí.

—Pero ni siquiera lo has mencionado —reclamó la visita.

—Ah, te has dado cuenta.

La chica no pudo evitar una sonrisa. Luego soltó una carcajada y dijo:

—Sí, me he dado cuenta.

Luego volvió a ponerse seria. Obviamente le preocupaba el tema.

—¿No crees que es un poco irresponsable no mencionar el suspenso en Historia?

—¿Irresponsable por parte de quién? —preguntó la madre.

—Por tu parte —sugirió su huésped.

—Yo no doy Historia este año —contestó la mujer con amabilidad.

La joven se quedó de una pieza.

—Ya sé que es tu hijo el que está cursando la asignatura —dijo—, pero ¿no es responsabilidad tuya ayudarle para que saque buenas notas?

—No —respondió la mujer—. Es responsabilidad suya. Si yo asumo sus responsabilidades, él nunca lo hará —y continuó—: Tal vez sea bueno pensar lo que significa la palabra *responsabilidad*. Quiere decir exactamente: «habilidad de respuesta», capacidad para responder.

»Uno de los mejores regalos que puedo hacerles a mis hijos es dejarles sentirse vivos, capacitarlos para tener respuestas ante la vida. Ayudo a mis hijos a que disfruten asumiendo sus propias responsabilidades.

—¿Cómo? —preguntó la joven.

—La mejor forma de que mis hijos asuman sus responsabilidades es permitiéndoles descubrir lo bien que sienta hacerlo.

—¿Y cómo lo haces? —preguntó la visita.

—Acabas de verlo —señaló la hija de la madre al minuto—. Ahora mismo, mi hijo está asumiendo su responsabilidad por los sobresalientes y los notables que ha sacado. Está disfrutando de las consecuencias que supone sacar buenas notas. Él se siente bien y yo me siento bien. Va a jugar y a disfrutar toda la tarde. Hoy no habrá deberes ni tareas domésticas. Será un día especial.

—Entonces —apuntó su huésped en actitud reflexiva—, tus hijos aprenden que asumir responsabilidades es algo que ellos van *consiguiendo*, no algo que estén obligados a hacer.

—¡Bien dicho! Lo vas entendiendo. Y como creo que puedo anticiparme a tu siguiente pregunta, te la responderé ya. ¿Que qué voy a hacer respecto al suspenso? —La joven asintió—. Voy a ayudar a mi hijo planteándole preguntas simples, al modo en que Sócrates enseñaba a los niños griegos. Le preguntaré a Jimmy cómo se sintió con sus sobresalientes y notables; qué nota le gustaría sacar en Historia; si cree que puede hacerlo; cuál es su plan para conseguirlo, etcétera.

—¿Lo harás este sábado por la mañana, cuando programéis vuestros objetivos en familia? —preguntó la joven.

—Sí —contestó la mujer—. ¿Y qué crees que dirá Jimmy? De hecho —añadió—, ¿cómo piensas que pasó de sacar aprobados a notables y sobresalientes?

—Imagino que está descubriendo lo bien que se siente cuando saca buenas notas. Así que sospecho que querrá mejorar en Historia, simplemente por el hecho de que le gusta la sensación del éxito —sugirió la joven.

—¡Exactamente! —confirmó Susan—. Y ésa es la consecuencia práctica de recibir un elogio al minuto. De hecho, a menudo su respuesta interna será: «Si ya pensáis que lo he hecho bien, vais a ver de lo que soy capaz».

La joven sonrió mientras su anfitriona añadía:

—Cuando pillo a mis hijos haciendo algo bueno, ellos quieren volverlo a hacer. Les hace sentirse bien consigo mismos. Y a los niños que se gustan a sí mismos les gusta portarse bien.

—Así que, en vez de portarse bien *para ti* —observó la visita—, lo hacen para sí mismos.

—Sí. Y eso es crucial en una buena educación. Por supuesto, tanto su padre como yo ayudaremos a Jimmy todo lo que podamos cuando él se ponga como objetivo sacar una buena nota en Historia. Pero nuestro verdadero secreto es ayudar a que nuestros hijos quieran hacerlo bien por sí mismos.

—Y cuando lo consiguen, permitís que disfruten de su éxito elogiándolos en vez de ignorar su buen comportamiento, como hacemos la mayor parte de nosotros en nuestras relaciones.

—Veo que lo has entendido —dijo la mujer.

—Déjame hacer un resumen de lo que he aprendido —pidió la joven. Y se puso a escribir en su libreta, de nuevo como si ya llevara tiempo usando el elogio al minuto.

Los elogios al minuto: resumen

Los elogios al minuto funcionan cuando:

1. Anticipo a mis hijos que voy a felicitarlos cuando hagan algo bien.

2. Pillo a mis hijos haciendo algo bueno.

3. Les explico con detalle qué es lo que han hecho.

4. Les cuento lo bien que me siento por lo que han hecho.

5. Dejo pasar unos segundos en silencio para que noten lo bien que me siento.

6. Luego me dejo llevar por lo que me dictan mis sentimientos en ese momento: les digo que les quiero, les doy un abrazo o ambas cosas.

7. Después animo a mis hijos a que hagan lo mismo conmigo: que me pillen haciendo algo bueno y me feliciten.

8. Soy consciente de que, mientras sólo tardo un momento en felicitar a mis hijos, su sentimiento de autoestima puede ser para siempre.

9. Sé que lo que estoy haciendo es bueno para mis hijos y para mí. Me siento muy bien conmigo misma en mi papel de madre.

La evaluación (valoración)

La joven levantó la vista de su libreta y dijo:

—Gracias. Me ha servido de mucho. Ahora entiendo por qué es tan valioso el segundo secreto —y a continuación, preguntó con cierta ansiedad—: ¿Cuál es el tercer secreto?

Susan sonrió ante el entusiasmo de su visita, se levantó de la silla y le propuso:

—¿Por qué no se lo preguntas a Liz, mi hermana mayor? Creo que vas a ir a verla luego.

—Sí, así es —admitió—. Bueno, entonces muchas gracias por tu tiempo.

—No hay de qué —dijo Susan—. Desde que me convertí en una madre al minuto tengo bastante tiempo.

La huésped sonrió. Ya había oído aquello en algún otro sitio.

Cuando la joven abandonó la casa de Susan Saunders, se dio cuenta de cuánto le había gustado.

«Qué manera de vivir tan estupenda —pensó—. Se disfruta mucho más cuando se está dispuesto a pillar a la gente haciendo algo bueno».

Lo que había aprendido de las dos hijas de la madre al minuto le parecía bastante sensato. Sin embargo —se preguntó—, ¿funcionarán realmente los objetivos y los elogios al minuto?

Mientras se alejaba conduciendo, su curiosidad aumentó. Se detuvo junto a una cabina de teléfono y pospuso la cita con la tercera hija.

Había algo más importante que hacer antes. Quería averiguarlo por sí misma.

Al día siguiente la joven volvió al vecindario de la madre al minuto. Caminó a lo largo de la calle arbolada disfrutando de una bella mañana de sábado. Le impresionaron la limpieza de la zona y los amables saludos de aquellos con quienes se encontraba. Eso la animó para hacer lo que se había propuesto.

Se plantó delante de una casa y dudó por un instante. Después se decidió y llamó a la puerta. Le abrió un hombre.

—¿Puedo ayudarla? —le preguntó.

—Si no le importa, me gustaría hablar con usted un momento —le pidió la joven. Luego se presentó y dijo—: Estoy esperando mi primer hijo, e intento aprender a ser una buena madre. He estado charlando con la señora que vive unas casas más allá, conocida como la madre al minuto, y con sus hijas Patricia y Susan, y me preguntaba si podría contestarme a algo que me intriga.

El hombre sonrió y dijo:

—Lo haré si puedo. Soy Steven Herrick. ¿Qué le gustaría saber?

—Iré al grano —aclaró la joven—. Me gustaría saber si su método educativo funciona. Bueno, me preguntaba si usted o alguno de los vecinos sabría contarme cómo eran de niñas las hijas de la madre al minuto.

—Yo crecí con ellas, así que las conozco muy bien. Aunque me temo que no puedo contarle mucho sobre el método educativo de su madre porque no lo conozco —contestó el hombre.

—¿Cómo eran sus hijas?

—Bueno —comenzó—, eran muy... —por un momento dudó antes de decirlo—... activas —concluyó—. Sí, eso es. —Hablaba como si estuviera reviviendo parte de su infancia, casi para sí mismo.

»Eran muy activas y les interesaban muchísimas cosas. Ahora que lo pienso, recuerdo algunos detalles. Como que en los días de calor buscaban entre la hierba una variedad de escarabajos minúsculos. Los llamaban "señales de vida". Recuerdo que se pasaban horas interminables hablando con los ancianos. Parecía que les escuchaban con un gran interés y que aprendían mucho de ellos. Recuerdo…

»Digamos que en aquella época no pensaba mucho en ello, pero creo que ahora, visto desde la distancia, puedo decir que realmente tenían algo. Eran felices. Toda la gente del barrio las quería.

—Dígame —preguntó la joven—, ¿se metieron en líos alguna vez?

—¡Pues claro! —le contestó él.

—Ajá —asintió la joven, pensando que había averiguado algo—. ¿Y qué pasó?

—No lo sé —contestó el hombre—. Ojalá lo supiera. Pero sí recuerdo una cosa.

—¿Qué?

—Recuerdo que las chicas rara vez se metían en el mismo lío dos veces —y añadió—: De hecho, creo que otras madres del vecindario estaban tan impresionadas que acabaron por descubrir lo que hacía la madre al minuto.

»Ojalá conociera los secretos de la madre al minuto. He querido ir a hablar con ella muchas veces, pero nunca he encontrado el momento —continuó el hombre.

»Debo admitir que me vendría muy bien algo de ayuda con mis hijos. Ya sabe cómo son hoy en día.

La joven embarazada no dijo nada, y entonces el hombre añadió:

—Quizá debería hacerme un padre al minuto.

La joven sonrió:

—Yo estoy aprendiendo. Me encantará compartir con usted los tres secretos cuando averigüe el último, igual que ella los ha compartido conmigo.

Dio las gracias al hombre por haber aceptado hablar con ella. No entendía ni el cómo ni el porqué del éxito de la educación al minuto, pero comenzaba a sospechar que, por el motivo que fuera, este método educativo, tan sencillo aparentemente, era muy eficaz.

Esa noche tuvo un sueño agitado. Estaba nerviosa pensando en el día siguiente, en el que por fin conocería el tercer secreto para convertirse en una madre al minuto.

El tercer secreto:
las reprimendas al minuto

A la mañana siguiente, la joven fue recibida por la hija mayor de la madre al minuto, Elizabeth Franklin, madre divorciada, con un hijo adolescente y que, además, trabajaba fuera de casa todo el día.

Después de tomarse juntas el primer café del domingo, Elizabeth, que prefería que la llamaran Liz, dijo:

—Sé que has ido a ver a mi madre. Menuda mujer, ¿no?

A la joven ya no le sorprendió oírlo, así que contestó:

—Sí, ¡vaya si lo es!

—Creo que quieres saber algo más sobre la educación al minuto —dijo Liz—. ¿Qué más te gustaría aprender?

—Bueno —comenzó la joven—, ayer hablé con un hombre que vive en tu antiguo vecindario.

Me dijo que os conocía a ti, a Pat y a Sue desde la infancia, y que erais como la mayoría de los niños, que os metíais en líos a veces, pero que, a diferencia de ellos, vosotras casi nunca os metíais en el mismo lío dos veces. Y yo me pregunto, Liz, si esa actitud era una consecuencia de algo que hiciera tu madre, algo en la forma de educaros a ti y a tus hermanas.

La mujer se echó a reír y exclamó:

—¡Puedes jurarlo!

—¿Y te acuerdas de ello como para explicármelo? —preguntó la joven.

—Claro —contestó—. No es del tipo de cosas que una olvida fácilmente.

Y empezó a explicarse.

—Si en algún momento yo no cumplía los compromisos que había contraído conmigo misma o con mi familia, mamá contrastaba lo sucedido y repasaba conmigo nuestros objetivos. Con ello pretendía asegurarse de que yo había entendido claramente lo que habíamos acordado. Entonces, cuando ya estaba segura de que lo había entendido, me echaba una «reprimenda al minuto».

—¿Una qué? —preguntó la joven, sorprendida.

—Una reprimenda al minuto —repitió la madre.

—¿Es ése el tercer secreto de la educación al minuto?

—¡Efectivamente! De hecho, creo que es el tercer secreto para mejorar la comunicación entre dos personas cualesquiera que sean: padre e hijo, jefe y empleado, estudiante y profesor... Incluso marido y mujer.

—Y eso, ¿por qué? —preguntó la joven.

—Porque es un método eficaz para lidiar con situaciones desagradables entre dos personas antes de que las diferencias degeneren en una mala relación.

—¿Cómo funciona?

—Es sencillo —contestó Liz.

—Estaba segura de que lo dirías —dijo su huésped, riéndose.

Elizabeth Franklin sonrió y comenzó a explicárselo:

—En primer lugar, mamá me había prevenido de que cuando yo hiciera algo que a ella le pareciera inaceptable me lo haría saber. Me aseguró que actuar así me ayudaría a convertirme en una ganadora nata. De hecho, solía decir que la experiencia era el desayuno de los campeones. Así que cuando yo hacía algo inaceptable, mamá no tardaba en reaccionar.

—¿Qué hacía? —preguntó la visitante.

—En cuanto se enteraba, procuraba hablar conmigo. Me llevaba a algún lugar apartado de la casa y allí me miraba a los ojos y me explicaba con detalle lo que yo había hecho. Después me dejaba claros los sentimientos que mi acción le habían provocado: enfado, frustración, cólera, tristeza, decepción, o lo que quiera que fuera.

»Me decía con firmeza, sin dejar de mirarme: "¡Estoy enfadada!, ¡muy enfadada!".

»Después de dejarme experimentar su reacción emocional, dejaba que ese sentimiento calara en mí durante unos segundos en medio de un silencio terrible. ¡Y no sabes cómo calaba!

—¿Cuánto tiempo duraba eso? —preguntó la joven.

—Unos treinta segundos, no más, aunque en ocasiones parecían eternos. Era una experiencia muy intensa, emotiva, triste..., muy desagradable.

La joven se incorporó en su asiento y preguntó:

—Y entonces, ¿qué ocurría?

—Entonces inspiraba profundamente para relajarse y me ponía la mano en el hombro para que yo supiera que me apoyaba. Y hablaba con un tono de voz más suave. Me explicaba que mi comportamiento no era aceptable, pero que yo sí lo era. Se aseguraba de que yo entendiera que la razón por la que le había entristecido mi comportamiento era que yo sabía hacer las cosas mejor. Y me recordaba que yo era muy valiosa y que merecía la pena.

»Entonces, me daba un gran abrazo y me decía: "Te quiero, cariño".

—Eso debía hacerte reflexionar tanto sobre ti misma como sobre tu actitud —advirtió la joven.

—¡Así es! —confirmó su anfitriona.

La joven tomaba notas a toda velocidad. Presentía que no faltaba mucho para que Liz tocara algunos puntos importantes.

—Las reprimendas al minuto de mi madre resultaban impresionantes por la forma que tenía de aplicarlas. Primero, me hacía ver que había hecho algo inaceptable lo antes posible. Segundo, como me había explicado claramente lo que yo había hecho mal, me quedaba claro que era ella la que mandaba y que yo no me iba a ir de rositas. Tercero, como no me atacaba a mí como persona, sino que censuraba mi comportamiento, me resultaba más sencillo no ponerme a la defensiva. Yo no intentaba justificar mi error echándole la culpa a otra persona; sabía que ella estaba siendo justa. Y cuarto, sabía que se preocupaba por mí, y por que yo me sintiera bien conmigo misma.

Liz se echó a reír, de pronto, y dijo:

—Por supuesto, eso es lo que pienso ahora. Pero recuerdo que cuando era más joven y mamá empezó a usar las reprimendas al minuto, me enfrenté a ellas con uñas y dientes.

»De hecho, hice todo lo que pude para que no siguiera usándolas conmigo. Me tapaba los oídos, intentaba escaparme o me reía como si no me importara.

»Pero mi madre me destapaba los oídos, o me seguía por el pasillo, o hacía lo que fuera necesario. El caso es que siempre llevaba su reprimenda hasta el final.

»Por supuesto, yo intentaba interrumpirla en medio de la charla, explicarle todas las grandes razones que justificaban mi comportamiento.

—En otras palabras —sugirió la joven—, te ponías a la defensiva. ¿Qué hacía tu madre entonces?

—Primero, a la vez que me dejaba claro que yo no podía intervenir mientras me soltaba la reprimenda, también me hacía ver que podía volver unas horas más tarde y hablar de lo que quisiera con ella. Pero en ese momento tenía que prestarle atención.

»Y siempre decía que la mejor manera de que alguien te escuchara era escucharlo tú primero.

»Sin embargo, cuando volvía a pensarlo, solía darme cuenta de que ella había sido justa, así que no volvía a discutir con ella. Pero era bueno saber que, si quería, podía hablar con mi madre más tarde de lo que quisiera.

»Y lo que quizá era más importante: dejé de ponerme a la defensiva cuando descubrí que ella sólo estaba en contra de mi comportamiento, pero no de mí. Me di cuenta de que no necesitaba defender mi actitud, pues ésta no afectaba a mi valor como persona.

»Por eso, cuando le echo una reprimenda a mi propio hijo —continuó—, me aseguro de no destruir su confianza en sí mismo.

La futura madre miró a la mujer y dijo:

—Creo que estoy empezando a comprender. El éxito de una reprimenda al minuto es que permite que te sientas mal respecto a tu comportamiento pero sin que afecte a tu autoestima. Y cuanto mejor te sientas contigo mismo, mejor será tu comportamiento.

—Sí, es un magnífico resumen —confirmó la mujer.

—¿Y puedes ponerme un ejemplo concreto de una reprimenda al minuto? —preguntó la joven.

—Claro —accedió su anfitriona—. Estaba pasándolo mal con mi hijo de diecisiete años,

David, que se mostraba bastante resentido conmigo a raíz de mi divorcio de su padre. No me encontraba exactamente en mi mejor momento. Y tampoco estaba usando los tres secretos de la educación al minuto. Las cosas se me fueron de las manos. Se iba con el coche y se quedaba en la calle hasta las tantas, y me contestaba de forma grosera cuando intentaba hablar con él.

La joven frunció el ceño y preguntó:

—¿Y qué hiciste?

—Comencé a usar las reprimendas al minuto cada vez que volvía tarde con el coche.

—¿Qué le dijiste?

—Me acerqué a él y le dije algo así como: «David, me has desobedecido. Te llevas el coche sin mi permiso. ¡Es la una y media de la madrugada! Vienes a casa cuando te da la gana. Me contestas de un modo grosero cuando saco el tema. ¡Tu comportamiento es inaceptable! ¡Absolutamente inaceptable!».

»Después le hablé de lo que llevaba tanto tiempo sintiendo, dejándome llevar por las emociones y sin que quedara margen de duda. Le dije: "Apenas duermo. Me preocupa el coche. Me preocupas tú. Me molesta tu comportamiento. Estoy triste y enfadada. ¡Muy enfadada!".

»Acerqué mi cara a la suya, yo estaba furiosa y no lo ocultaba, y dejé pasar unos segundos de silencio para que pudiera percibir lo que yo sentía.

»Después inspiré profundamente para recuperar la compostura y bajé el tono de voz. Acaricié a mi hijo para que supiera que estaba preocupada por él y le dije: "Sabes comportarte mejor que lo que has demostrado, David. Sé que estás resentido por el divorcio. Es normal. Y sé que eres un buen chico. Te admiro, David, en muchos sentidos, y te quiero, hijo mío".

»Por último lo abracé para que supiera que la reprimenda se había acabado.

—¿Y qué pasó a partir de entonces? —preguntó la joven.

—Al principio, ni siquiera me aguantaba. Se apartaba de mí o se iba. A veces me interrumpía o fingía no estar oyéndome…

—¿Y qué hiciste tú?

—Seguí aferrándome a las reprimendas. Cuando acababan, me iba a la cama. Lo hice todas las noches.

—¿Y qué sucedió?

—En unas semanas el chico empezó a pedir permiso para salir con el coche y comenzó a venir a casa pronto.

La joven mostró su asombro.

—¿En serio? —preguntó.

—Totalmente —respondió la mujer—, muy en serio. De hecho, creo que ése fue el motivo de que obtuviera tan buenos resultados. Era una situación muy grave. Como yo me la tomé en serio y le expresé mi enfado de forma clara, obtuve buenos resultados. Sin embargo —añadió—, recuerda que yo fui contra su conducta, no contra él.

La joven asintió y dijo:

—¡Vaya modo de cambiar un comportamiento! ¿Pero es cierto que un proceso así puede resultar tan rápido?

—Normalmente, sí —contestó la mujer—. Y cuando se termina, eso es todo. Una reprimenda al minuto no dura mucho, pero te puedo garantizar que no se olvida. Y por ese motivo, uno no quiere volver a cometer el mismo error.

—Me pregunto —prosiguió la visita— si la madre al minuto comete errores alguna vez.

La hija sonrió y le dijo:

—Por supuesto que sí. Es parte de su encanto.

—¿Puedes ponerme un ejemplo?

—Bueno —contestó la hija—, a veces mamá se olvidaba de hacer la segunda parte de la reprimenda, la parte en la que nos recordaba que éramos buenas y valíamos mucho.

—Supongo que puede ocurrir —sugirió la joven—, sobre todo cuando estás enfadada por el comportamiento de tu hijo.

—Así es. En cualquier caso, cuando le ocurría, cada una de nosotras le recordaba más tarde que quería recibir la segunda parte, la parte agradable.

—Y ¿qué hacía ella? —preguntó la joven.

—Se reía y decía que se había dejado llevar tanto por reprimir nuestro comportamiento que había olvidado elogiarnos. Entonces exageraba el discurso de lo mucho que nos quería, del buen concepto que tenía de nosotras como personas y de cuán mejores éramos que nuestro comportamiento reciente; de lo estupendas que éramos y lo orgullosa que estaba de nosotras...

»Hasta que acabábamos diciendo: "Vale, mamá, ya lo hemos pillado, ya está, de verdad".

La joven soltó una carcajada y dijo:

—¡Me encanta! Suena como que para ser una madre al minuto uno de los requisitos fuera mantener el sentido del humor.

Liz asintió con la cabeza.

—Como mamá solía decir, «La mejor forma de que una madre se mantenga cuerda es que no descuide su sentido del humor».

En ese momento, la joven oyó a alguien riéndose y jugando fuera de la casa.

—Son mi hijo David y sus amigos —aclaró Liz.

—¿Te importa si hablo con él?

—En absoluto. En esta familia volvemos a tener una comunicación franca y abierta —y añadió—: ¿Sabes?, alguien dijo una vez que «Una familia es un grupo de personas que mantiene un compromiso irracional con el bienestar del resto».

Elizabeth Franklin estaba feliz.

Ya en la puerta, la futura madre dijo:

—Muchísimas gracias por todo lo que he aprendido hoy.

Luego se fue a hablar con el hijo de aquella mujer.

David se disculpó con sus amigos y fue al encuentro de la visita. Cuando ella le preguntó sobre el incidente con el coche, él le sugirió ir a dar un paseo juntos.

—Cada vez que me llevaba el coche y volvía tarde —explicó—, mi madre me machacaba. Me hacía saber lo cabreada que estaba conmigo. La verdad es que se volvía loca.

»Era un auténtico tormento —continuó—, pero, bueno, yo desconectaba y aguantaba el chaparrón. Aunque debo admitir, sin embargo, que no era fácil ignorar lo que estaba diciendo.

»Pero un día se detuvo, me apretó con el brazo contra ella y me dijo que siempre había pensado que yo era estupendo. Pero lo que de verdad me dejó tocado fue cuando me dijo que me respetaba. Que me admiraba. Que me quería. Joder, aquello fue demasiado. En fin, que me empecé a sentir fatal por lo que estaba haciendo. Recuerdo una vez que comencé a... —el chico se calló.

Después de una larga pausa, continuó:

—Supongo que me alegró ver que mamá por fin se rehiciera y me dijera lo que de verdad sentía. Descubrí que no le gustaba *lo que hacía*, pero que *yo* sí.

»Conozco a muchos otros padres de chicos que siempre les dejan salirse con la suya. Pero, para serte sincero, no creo que eso les haga sentirse bien en absoluto.

—¿Quieres decir que en esos casos los chicos piensan que sus padres no se preocupan por ellos o no les quieren?

—Sí —confirmó el chico—. Todos sabemos cuándo hemos hecho mal las cosas. Y muchas veces sabemos que los otros también lo saben. Si lo ignoran, nos sentimos ignorados, como si no les importáramos.

»De hecho, he aprendido que hablarle así a cualquiera resuelve muchos problemas. Ahora, cuando estoy enfadado o me siento frustrado por algo que ha hecho mi madre, ella me permite expresarlo directamente, sin rodeos. Y piensa lo que le digo, porque sabe lo mucho que lo agradezco. Es una excelente vía de dos sentidos.

La joven siguió caminando y pensando en lo que el chico le acababa de decir. Después le dio las gracias por hablar con ella y se dirigió hacia su coche.

Al sentarse al volante, reflexionó sobre lo que había aprendido. Sacó la libreta y escribió un resumen de todo lo que ahora sabía sobre la reprimenda al minuto, y lo hizo como si ya fuera una madre que usara el método con éxito.

Las reprimendas al minuto: resumen

La reprimenda al minuto funciona cuando:

1. Les digo a mis hijos que cuando no considere aceptable su comportamiento se lo haré saber; les pido que hagan lo mismo conmigo.

La primera parte de la reprimenda

2. Reprendo a mis hijos lo antes posible.

3. Les explico *detalladamente* lo que me resulta inaceptable.

4. Les cuento con absoluta claridad cómo me siento por lo que han hecho.

5. Dejo pasar unos segundos en silencio para que puedan notar mi disgusto.

La segunda parte de la reprimenda

6. Acaricio a mis hijos de tal forma que les hago percibir que estoy de su parte.

7. Les recuerdo que sé que cada uno de ellos es una persona valiosa que merece la pena.

8. Les digo de forma clara que aunque no me guste su comportamiento, sí me gustan ellos.

9. Marco el final de la reprimenda abrazándoles y diciéndoles que les quiero. Mis hijos y yo aceptamos que en el momento que se acaba la reprimenda, se acaba del todo.

10. Soy consciente de que mientras reprender con cariño a mis hijos puede ser cuestión de un momento, los beneficios pueden durarles toda la vida.

La madre al minuto se explica

Esa tarde, el marido de la joven estuvo repasando sus notas. Puede que no hubiera creído en la eficacia de la reprimenda al minuto de no ser porque su mujer había comprobado sus resultados personalmente. No quedaba ya ninguna duda. Ella estaba segura de que funcionaba.

La joven le contó a su marido que sabía que todo el mundo cometía errores de vez en cuando, incluso ella. Pero también sabía que si en algún momento recibía una reprimenda al minuto sería algo justo, pues se trataría de reprimir su comportamiento, no su valor como persona.

Reflexionó sobre que a todos nos gusta —tanto niños como adultos— que nos traten bien.

Poco más tarde, mientras conducía hacia la bonita casa de la madre al minuto, siguió pensando en la simplicidad de la reprimenda al minuto.

Los tres secretos tenían bastante sentido: los objetivos exprés, los elogios al minuto y las reprimendas al minuto.

La joven podía ver con claridad que esta forma de comunicación reducía el estrés en la familia.

«Pero ¿por qué funciona?», se preguntó. «¿Por qué una madre al minuto tiene tanto éxito con sus hijos?».

Cuando la joven llegó a la casa de La Madre, ya era casi de noche. El sol se ocultaba y las farolas se habían encendido.

Al examinar la casa, advirtió cosas que no había visto en la primera visita. Se fijó en el césped, bien cuidado, y en el vestíbulo de entrada, decorado con gran encanto. Empezó a percibir los pequeños detalles. En su interior, la casa resplandecía. Pero no era esa luz procedente de las típicas bombillas blancas; era una acogedora iluminación anaranjada que recordaba haber visto una vez en la casa de un decorador. La madre al minuto era consciente de la importancia de los pequeñas detalles, que hacían la vida más agradable.

Su anfitriona la saludó con una sonrisa cálida y una pregunta inmediata:

—Bueno, ¿descubrió algo con sus indagaciones?

—¡Un montón de cosas! —contestó la joven.

—¿Y qué es lo que ha aprendido? —preguntó la mujer con impaciencia.

—He averiguado por qué la gente la llama la madre al minuto. Usted marcaba objetivos al minuto con sus hijas para asegurarse de que ellas identificaran lo que todos querían que sucediera. Les mostraba en qué consistía portarse bien. Después, intentaba pillarlas haciendo algo bueno para poder hacerles un elogio al minuto. Y, finalmente, si ya habían adquirido la capacidad de entender lo que se esperaba de ellas y a pesar de todo hacían algo claramente inaceptable, les echaba una reprimenda al minuto.

—Y ¿qué piensa usted de todo esto? —preguntó La Madre.

—Para empezar —dijo la joven—, estoy asombrada de lo sencillo que es el método. Y de que, además de funcionar, dé unos resultados tan maravillosos. Estoy convencida de que en su caso funcionó.

—Y también funcionará en el suyo, si desea que así sea —repuso La Madre.

—Es posible —dijo la joven—, pero me sentiría más capaz de llevarlo a cabo si pudiera entender por qué funciona.

—Eso nos ocurre a todos. Cuanto más entendemos algo, más capacitados estamos para utilizarlo. Así que me va a encantar contarle lo que sé. ¿Por dónde quiere que empecemos?

—Bueno, visitando a sus hijas me he dado cuenta de que todas parecían felices y llenas de energía. ¿La educación al minuto funciona bien porque requiere poco tiempo y esfuerzo? Por ejemplo, ¿es cierto que sólo le llevaba un minuto hacer cada cosa que debía llevar a cabo como madre?

—No, por supuesto que no. Es sólo una forma de dar a entender que para ser una madre eficiente no hace falta emplear tanto tiempo como uno podría pensar. Puede llevar más de un minuto atajar determinados problemas, el minuto es sólo un término simbólico. Pero sí lleva sólo un minuto tratar muchas situaciones.

»El verdadero motivo de que mis hijas y yo (y cualquier mujer que desee convertirse en una madre al minuto) tengamos más energía sólo se debe al tipo de relación que creamos con nuestros hijos, diferente al de la mayoría de las madres.

»Muchas mujeres viven agotadas porque emplean lo que yo llamo "el método educativo del ama de casa".

—¿Cómo?

—La mayoría de las madres sigue asumiendo casi toda la responsabilidad en la limpieza de la casa, tanto si lo hacen ellas personalmente como si se limitan a supervisar a quien lo hace. Terminan de limpiar la casa y vuelven al punto de partida: tener que volver a limpiarla. Tienen la frustrante y exasperante sensación de que nunca avanzan.

»Y para que la cosa sea aún más agotadora, muchas mujeres actúan así también con sus hijos.

»Cuando sus hijos se portan bien o están tranquilos fuera de su alcance —añadió con una sonrisa—, ¿qué es lo que hacen tantas madres?

—Nada —advirtió la joven.

—Exactamente —concedió la madre al minuto—. Al usar con sus hijos el ineficaz método educativo del ama de casa, no ven ninguna necesidad de intervenir en esas ocasiones. Como si ser una buena madre consistiera tan sólo en resolver problemas o «enderezar a los hijos». Para estas mujeres, educar a un niño que se porta bien es como limpiar la casa cuando ya está limpia.

—Y ¿qué haría usted con un niño que ya se porta bien?

—Piense en lo que ha visto y oído estos últimos días —sugirió La Madre—. ¿Cuánto tiempo del que se dedica a la educación empleaban mis hijas en atajar problemas de conducta?

—Pues, ahora que lo menciona, no demasiado —respondió la joven—. La mayor parte del
tiempo se dedicaban a programar los objetivos
con sus hijos y a pillarlos después haciendo algo
bueno.

—¡Exactamente!

—Para serle sincera —continuó la joven—,
mientras visitaba a sus hijas y trataba de entender
lo que significa ser una madre al minuto, a menudo me preguntaba si no estaría viviendo un cuento de hadas. Quiero decir, todo era tan positivo y
tan sencillo… No se parecía a nada que hubiera
visto antes.

La madre al minuto asintió con la cabeza y
dijo:

—Eso es porque la mayoría de las mujeres
ignora lo sencillo que puede ser esto. Les han

contado una y otra vez que ser madre es una responsabilidad difícil, compleja y confusa. Y educan a sus hijos siguiendo las pautas que han visto en otras madres. Intentan educarlos cuando se están portando mal, o sea, cuando no se sienten bien consigo mismos. En esos momentos ellos (y cualquiera de nosotros en su lugar) están a la defensiva y se muestran reacios. Sin embargo, el mejor momento para que un niño aprenda algo es cuando se está portando bien.

La joven intervino:

—Creo que sé a qué se refiere. Aunque puede que lo entienda mejor si le planteo mis preguntas por partes. Y podríamos comenzar con la programación de objetivos al minuto. ¿Por qué funciona tan bien?

Por qué funcionan los objetivos al minuto

—Quiere saber por qué dan tan buenos resultados los objetivos al minuto —dijo La Madre—. De acuerdo.

»Existen varias razones. Déjeme plantearle algunas analogías que tal vez le ayuden.

La mujer se acercó a la ventana e invitó a la joven a hacer lo mismo y a fijarse en el césped.

—¿Qué ocurriría si las bolas de golf fueran del mismo color que la hierba? —preguntó.

A la joven la idea le hizo sonreír. Se quedó pensativa un momento y dijo:

—Seguramente no sería tan divertido jugar al golf.

—¿Por qué? —preguntó la madre al minuto.

—Porque se pasaría demasiado tiempo intentando encontrar la bola entre la hierba. La bola se confundiría con ella y sería difícil verla.

Es difícil encontrar lo que uno no es capaz de ver.

—¿Cómo? —preguntó la madre al minuto sonriendo.

La joven sonrió también, sabiendo de sobra que La Madre le estaba dejando descubrir las cosas por sí misma. Y repitió lentamente:

—Que es difícil encontrar lo que uno no es capaz de ver.

—Imagine por un momento —sugirió La Madre— que suele practicar el golf. Está jugando un partido importante contra otra mujer que tiene su mismo nivel, pero mientras tu contrincante usa unas flamantes bolas blancas, las tuyas son exactamente del color de la hierba.

La joven se echó a reír y dijo:

—No creo que disfrutara mucho del partido.

—¿Por qué no?

—Porque una de nosotras juega con ventaja. No creo que yo pudiera hacer un buen partido. De hecho, quedaría bastante mal.

—Así es, quedaría bastante mal —confirmó la mujer—, especialmente si se compara con alguien que puede ver con facilidad lo que busca. Ella, sin embargo, va a disfrutar de lo lindo.

—Así que —comenzó la joven— lo que me quiere decir es que con los niños ocurre lo mismo; que para ellos todo es más fácil y divertido si saben lo que persiguen.

—¡Exactamente! A todos nos gusta tener éxito, quedar bien. Repasar los objetivos durante un minuto cada día te ayuda a perseguirlos.

La Madre se acercó a su escritorio y señaló un papel que estaba sobre la mesa.

—Mire esto —dijo—: gente mucho más sabia que yo ha dicho que era «El gran secreto de la humanidad».

Nos convertimos
en lo que proyectamos.

—Durante mucho tiempo, sólo unos pocos conocieron este *secreto*. Algunos de los personajes más inteligentes de la historia han discrepado en muchas cosas. Sin embargo, todos los grandes filósofos han coincidido en algo: nos convertimos en lo que proyectamos.

»Los científicos de hoy lo llaman *visualización*, y se produce cuando nuestra mente proyecta como real algo que aún no existe. A algunos les parece místico, pero es una herramienta muy útil para lograr un objetivo. Como le decía, algunos lo conocen desde hace tiempo. Shakespeare dijo: "Todo está dispuesto si nuestro corazón está dispuesto".

—Entonces —apuntó la joven—, los objetivos al minuto son en realidad una forma sencilla de ayudar a los niños a que vean en qué les gustaría convertirse.

—Sí. Y no sólo funcionan con los niños. Poner por escrito los objetivos también ayuda a los padres. Una de las razones de que ayuden tanto a los adultos como a los niños es que salvan uno de nuestros mayores obstáculos.

—¿Cuál…?

—El azote de los tiempos modernos: la ansiedad —repuso la madre al minuto—. Tanto los niños como los padres viven hoy llenos de ansiedad. No saben qué esperar, ni de sí mismos ni de los otros.

»Como probablemente sabrá por experiencia, cuanto mayor es el grado de ansiedad, peor es el rendimiento.

—¿Puede ponerme un ejemplo de cómo y por qué la ansiedad influye en nuestro rendimiento? —preguntó la joven.

—Trate de imaginar —comenzó la madre al minuto— que le piden que camine por una plancha de tres centímetros de grosor, diez centímetros de ancho y diez metros de largo.

»La plancha se encuentra en el suelo y al final de ella hay un billete de cien dólares. Será suyo si consigue caminar hasta el extremo y cogerlo. ¿Cree que podría hacerlo por cien dólares?

—Claro. Sería muy sencillo.

—Bien. ¿Haría lo mismo si introduzco en el ejemplo un pequeño cambio? Ahora la plancha se encuentra entre dos rascacielos, a una altura de cincuenta pisos. No hay viento. Otro billete de cien dólares le espera en el extremo de la plancha. ¿Se atrevería a cruzar la tabla y cogerlo?

La joven sonrió, negando con la cabeza:

—¡Ni en broma!

—Y ¿si fueran quinientos dólares?

—No lo haría ni por mil.

—¿Por qué no?

—Porque tendría miedo de caerme —admitió—. Incluso si me decidiera, probablemente me quedaría clavada a la mitad. Mi miedo a caerme se interpondría. No sería capaz de hacerlo.

—Eso es. ¡El miedo nos inmoviliza! Y uno de los tipos de miedo que más lo hace es la ansiedad. La ansiedad es el miedo a lo desconocido.

»Los objetivos al minuto funcionan porque rebajan la ansiedad. Liberan a los niños permitiéndoles superarse.

—¿Cómo y por qué ocurre eso? ¿Puede ponerme un ejemplo?

La madre al minuto sonrió y dijo:

—Veo que quiere entender por qué funciona la educación al minuto, ¿verdad?

—¡Claro!

—Muy bien. Un ejemplo clásico sucedió en Londres durante la Segunda Guerra Mundial. La gente tenía mucho miedo de las bombas, que caían con bastante regularidad sobre la ciudad. Después, a medida que la guerra se fue apagando, las bombas disminuyeron, y finalmente cesaron. Pero la gente siguió mirando al cielo. No estaban seguros de que no fueran a caer de nuevo.

—Se parece a lo que pasa en algunas casas en las que he estado. Los niños nunca saben cuando va a caer la siguiente bomba —apuntó la joven.

—¡Bien dicho! Si pudiéramos volver atrás y estudiar los informes de la salud mental de los ingleses de la época —dijo La Madre—, ¿cuándo cree que sufrió más estrés la gente y acudió con más frecuencia a los psiquiatras y psicólogos?, ¿cuando caían las bombas... o cuando no caían?

—No estoy segura.

—Los médicos ingleses —continuó la mujer— vieron a más gente angustiada después de la guerra. Y eso que la amenaza real se había acabado.

»Las personas eran capaces de afrontar su miedo real, pero no su ansiedad. No saber qué va a ocurrir es inquietante.

—Y no saber —interrumpió la joven—, tiene el mismo efecto inquietante en los niños.

La madre al minuto sonrió y aplaudió con aprobación:

—Lo entiende —dijo.

La mujer se incorporó en su asiento y sirvió otra taza de café para ambas. La primera se había quedado fría con la conversación.

—Está usted muy atenta —apuntó—. Y piensa igual de bien.

»Me siento muy a gusto contándole a alguien como usted lo que sé. Siento que mi tiempo ha valido la pena, que usted va a usar lo que está aprendiendo. ¡Estoy encantada!

La Madre alargó el brazo y tocó el de su visita en un gesto de aprobación y apoyo.

La joven sonrió, apreciándolo. Le hacía sentirse bien que esta mujer reconociera su esfuerzo.

Se tomó un momento para saborear el sentimiento. Después dijo:

—Sé que acaba de hacerme un elogio al minuto. Y me ha encantado. Pero lo que más me sorprende es sentirme tan bien. A pesar de que sé lo que está haciendo, sigue sentándome estupendamente.

—¿Sabe por qué se siente así? —le preguntó La Madre—. Porque de verdad se siente apreciada. Y eso es porque es usted apreciada.

La joven iba a comenzar a hablar pero la madre al minuto se adelantó a su pregunta:

—Déjeme adivinar —dijo—. Está preguntándose por qué los elogios son tan eficaces.

—Me ha quitado las palabras de la boca. ¿Por qué son tan eficaces los elogios?

Por qué funcionan los elogios al minuto

—Los elogios al minuto al minuto —explicó La Madre— porque son algo *natural*.

—¿Natural? —preguntó su huésped.

—Sí. Mire, por ejemplo, dos de los acontecimientos más naturales en la vida de un niño: aprender a andar y aprender a hablar. ¿Qué hacen los padres cuando el niño está aprendiendo a andar?

La joven pensó por un momento y dijo:

—Bueno, levantan al pequeño, le sujetan las manos y van dando pasitos con él.

—Y ¿qué le dicen?

—Le aclaman a cada pasito, diciéndole cosas como «¡Qué bien lo haces!».

—Y ¿qué sucede el día en que el pequeño se levanta, apoyándose en la mesita del café, después de gatear por la alfombra del salón?

La joven sonrió:

—Los padres abandonan literalmente cualquier cosa que estén haciendo para elogiar semejante logro.

—¿Pero qué hacen exactamente? —preguntó La Madre.

—Se acercan a él y le dan pequeños achuchones y besos, y le dicen cosas como: «¡Pero bueno, si te has levantado! ¡Y tú solito! ¡Qué bien!».

—Exactamente —convino la mujer—. Ahora, piense en ello un momento. ¿A qué le recuerda?

Su huésped se detuvo y después contestó:

—Se parece a un elogio al minuto.

—¡Es un elogio al minuto! Y eso es lo que habitualmente hacen los padres cuando los niños son pequeños.

—Y ahora, avancemos unos pasos —dijo La Madre, disfrutando del juego de palabras—. ¿Qué es lo siguiente que hacen los padres cuando el niño ha aprendido a ponerse de pie solo?

—Extienden los brazos y le animan a que se atreva a dar unos pasos hacia ellos. Y por supuesto vigilan que no se caiga.

—Fíjese en eso un momento —sugirió la mujer—. Los padres llevan al niño poco a poco hacia el objetivo final de andar. Y ¿qué es lo que hacen a cada pequeño logro durante ese camino?

—Felicitan con entusiasmo al pequeño.

—¡Eso es! Es la forma natural de ayudar a los niños a sentirse a gusto consigo mismos, a tener una buena autoestima.

La joven comprendió, y dijo en voz baja, como para sí: «El niño aprende y los padres disfrutan».

—Sí. Los elogios funcionan porque con ellos los niños aprenden más rápido y los padres disfrutan más —dijo La Madre—. Lo mismo ocurre cuando se aprende a hablar. Pongamos que usted quisiera que su hija supiera pedir agua cuando tuviera sed. Sé que aún no ha nacido, ¿pero qué ocurriría si esperara a que pudiera decir una frase completa del tipo «¿Puedo beber agua, mamá?».

—Supongo que la niña se deshidrataría.

La Madre sonrió y dijo:

—Supone bien. Y ¿si esperara simplemente a que pronunciara correctamente la palabra «agua»?

—Tendría el mismo problema.

—Seguro. Y ¿qué haría entonces?

—No creo que esperara a que supiera pronunciarla correctamente —apuntó la joven.

—¡Exacto! Pongamos que se dirige hacia usted, tiene sed y pronuncia sólo parte de la palabra. Dice «aba, aba». Recuerde —le advirtió— que es la primera palabra que ha dicho en su vida.

—Probablemente me emocionaría. Le daría un gran abrazo y le diría lo estupenda que es. De hecho, para serle sincera, iría inmediatamente a telefonear a su abuela. El «aba, aba» de mi hija recorrería el país de punta a punta al instante —respondió la futura madre.

Su anfitriona se echó a reír y dijo:

—En ese caso, habría actuado con normalidad. Y lo mejor de todo es que, al no haber esperado a que pronunciara la palabra correctamente, su hija habría aprendido a hablar antes. Le habría mostrado su entusiasmo al pillarla haciendo algo *casi bien*.

»De hecho, usted hizo algo muy importante. No esperó a conocer el modo absolutamente perfecto de educar a su hija. Siguió adelante e hizo lo que pensaba que estaba bien. Y ésa es una parte muy importante de ser una buena madre.

»Hay algo que nunca olvido cuando me pregunto si sabré hacer bien algo.

—¿El qué? —quiso saber la joven.

—Esto:

Me resulta más importante
empezar de inmediato
a hacer lo que tengo que hacer
que esperar
a estar seguro de que
lo puedo hacer bien.

—De hecho —continuó La Madre—, cuanto más se felicita a los hijos por hacer algo bien, aunque no lo hagan perfecto, más rápidamente empiezan a saber evaluar su rendimiento.

»Todos necesitamos sentirnos apreciados con franqueza, incluso cuando lo que estemos haciendo no siempre resulte un gran acontecimiento a los ojos de los demás.

»Aunque, por supuesto, no quieres que tu hija de diez años llegue a un restaurante y pida un vaso de "aba".

La joven sonrió ante la idea de una situación tan poco gustosa.

—Así que la irá animando para que, poco a poco, lo vaya haciendo mejor. Cada vez que lo haga, le apetecerá felicitarla, y antes de que pase mucho tiempo, estará hablando.

»Y déjeme felicitarla, ahora que lo pienso, por abrazar a su hija. Usted dijo que lo primero que haría cuando pronunciara su primera palabra sería abrazarla y felicitarla.¡Eso es estupendo!

—¿Es tan importante la parte física? —preguntó—. Quiero decir: y ¿si tengo un tiarrón adolescente al que le resulta incómodo que lo abracen? ¿Qué grado de importancia tiene el contacto físico en los elogios al minuto?

—El contacto físico es crucial —dijo La Madre—. De hecho, en una ocasión se realizó un interesante estudio que mostró de forma espectacular su importancia.

»Un emperador del siglo XV quería descubrir cómo empezamos a hablar. Se preguntaba si alguien podría hablar sin haber escuchado jamás una palabra. Así que separó a algunos niños de sus padres y los dividió en dos grupos.

»El primer grupo fue educado de de un modo normal; el segundo, nada que ver.

»Las cuidadoras entraban en la sala de forma mecánica, sólo para limpiar a los niños y alimentarlos. Sus visitas eran muy breves. Nunca decían nada antes de salir. Nunca tocaban a los niños, que simplemente yacían, durante meses, solos.

La joven frunció el ceño y dijo:

—Me parece más un experimento cruel que un estudio científico válido. No me gustaría ser uno de esos niños ignorados.

—Tiene razón. Era cruel. ¿Qué cree que les pasó a esos niños?

—Bueno, para empezar —dijo la joven—, no creo que aprendieran a hablar muy bien. Y tampoco que se convirtieran en adultos muy felices.

—¿Por qué no?

—Porque a los niños hay que cogerlos en brazos y acunarlos, y decirles cosas, y mimarlos… En resumen, que hay que hacerles sentir que nos importan. Pero ¿qué les ocurrió a esos niños?

—Antes de un año, habían muerto todos.

La joven se quedó estupefacta, con la mirada perdida. Luego tragó saliva y preguntó:

—¿Qué es lo que ha dicho?

—Me temo —dijo La Madre amablemente— que ha oído bien. El primer grupo de niños mostró el nivel de supervivencia habitual. Pero los del segundo grupo, a pesar de que tenían satisfechas sus necesidades básicas (la alimentación, la temperatura, la ropa…), fallecieron todos en un año.

—¡Dios mío! —exclamó la joven—. ¡Eso es inhumano! —Reflexionó por un momento y preguntó—: ¿Por qué murieron los niños?

—Hoy en día —explicó la mujer—, médicos y psicólogos de la conducta han observado resultados similares en niños a los que, por un motivo u otro, tampoco se les ha cuidado bien. De su observación a distintos grupos de niños, tanto sanos como enfermos, han llegado a la conclusión de que los pequeños no pueden desarrollarse si no están *vinculados*.

—No lo entiendo —admitió la joven.

—Bueno, ninguno de nosotros lo entiende tan bien como le gustaría —dijo La Madre—. Pero esa vinculación es, en esencia, la parte emocional que se da entre un niño que depende completamente de otra persona para su supervivencia, y un adulto que se preocupa de alimentar al niño hasta el momento en el que pueda hacerlo por sí mismo.

»A simple vista, los niños necesitan ser queridos para poder crecer, tanto física como emocionalmente. Si no se les quiere, no se desarrollan ni física ni emocionalmente. Si no se les quiere, no sobreviven.

—No tenía ni idea de que el contacto físico fuera tan importante —admitió la joven.

—El contacto físico es probablemente la forma más sincera de comunicación —afirmó La Madre—. Y si es sincera, tiene efecto.

»Muchos estudios han demostrado el poder del contacto. En uno de ellos, expertos en comportamiento dejaron una moneda en una cabina telefónica. Cuando la gente salía de ella, se les acercaba alguien y les preguntaba si habían encontrado la moneda.

»La pregunta era: "Perdone, ¿ha encontrado mi moneda?". Pero mientras que con algunos de ellos había un ligero contacto físico al hacerles la pregunta, con otros no.

—¿Y hubo alguna diferencia en la respuesta? —preguntó la joven.

—Sí, la hubo. Del grupo en el que no hubo contacto, algo menos del cincuenta por ciento de la gente admitió haber encontrado la moneda. De los otros, con quienes sí hubo contacto físico, más del noventa por ciento devolvió la moneda... ¡Con una sonrisa!

—Increíble —comentó la futura madre—. Es como si la gente se sintiera más cercana al prójimo y estuviera deseando hacer más por él cuando hay contacto físico. Quizá por eso usemos expresiones como «Lo que hizo por mí me dejó *tocado*».

—Posiblemente —advirtió La Madre—, pero recuerde que cuanto más honesto se es, mejor funciona.

»También es interesante resaltar que a pesar de la importancia del contacto físico, uno también puede tocar a su hijo con los ojos, simplemente prestándole atención. Es mucho más importante de lo que la mayoría de los padres piensa.

»Yo aún tengo que recordármelo a mí misma haciendo algo muy sencillo pero muy importante...

Saco un minuto
cada día,
de aquí y de allá,
para mirar
a mis hijos
a la cara.

—Los niños necesitan que se les reconozca —dijo La Madre—, y una de las cosas más reconfortantes que puede hacer una madre para ello es observarlos y elogiarlos.

»Por supuesto, se supone que las madres deben educar, y yo disfruté haciéndolo.

»Pero también hice otra cosa igual de importante. Yo siempre quería que mis hijas recordaran que a mí también había que reconfortarme.

»Así que les pedí que no se olvidaran de elogiarme y abrazarme cuando de verdad les apeteciera. Y también que me dijeran que apreciaban lo que yo hacía.

»Yo les dejaba claro —dijo la mujer— que me sentía mejor cuando una de ellas se me acercaba, me abrazaba y me decía: "Eres una madre estupenda. ¡Te quiero, mamá!".

—¿Lo hacían? —preguntó la joven.

—Sí. De hecho, aún lo hacen. ¿Sabe cómo se lo recordaba?

—¿Cómo?

—Puse un cartel en la puerta de la nevera.

—Vale. He picado —dijo la joven sonriendo—. ¿Qué ponía en el cartel?

La Madre lo escribió en un trozo de papel y se lo pasó a la joven.

Las madres
también somos
personas.

—¡Me encanta! —exclamó la joven—. No lo olvidaré.

—Si los elogios ayudan a los niños a sentirse mejor consigo mismos —continuó—, ¿por qué no usar el mismo método, tan considerado, para ayudar a mejorar a los padres? ¡También se lo merecen!

»Además, así se enseña a los niños a hacer elogios, y no sólo a recibirlos.

»Y los niños aprenden que lo mejor de todo es que se consiguen buenos resultados. Cuando pillan a sus padres haciendo algo bueno, quieren hacerlo más veces. ¡Al menos a mí me pasa!

—Es asombroso —dijo la joven—. Ahora que tengo la oportunidad de escuchar todo lo que he aprendido y de pensar en ello, puedo entender mucho mejor por qué funcionan tan bien los elogios al minuto, tanto con los padres como con los hijos.

Se detuvo un momento, sonrió y dijo:

—Y ¿las reprimendas al minuto? ¿Por qué funcionan?

La Madre le devolvió una amable sonrisa y dijo:

—Estaba preguntándome cuándo iba a plantearme eso.

Por qué funcionan las reprimendas
al minuto

—Existen dos razones básicas por las que las reprimendas al minuto funcionan tan bien —dijo La Madre—. Por una parte, reducen el estrés, y por otra, incrementan el éxito.

—No lo entiendo —señaló la chica—. Pensaba que las reprimendas se usaban en situaciones de estrés. ¿Por qué reducen el estrés? Yo pensé que lo aumentarían.

—Déjeme hablarle de mi anuncio televisivo preferido —propuso la mujer.

Sonrió. Sabía que estaba a punto de aprender algo.

—El anuncio es de un aceite para coches. Un hombre sujeta una lata de aceite de gran calidad y sugiere que la compre. Según dice, merece la pena invertir unos pocos dólares más en este aceite. Promete que mi automóvil funcionará mejor y que tendré muchos menos problemas. ¿Se hace usted una idea de lo poco que me interesa a mí el aceite para coches?

Su invitada se echó a reír y dijo:

—Entiendo lo que quiere decir. A mí lo único que me importa es conducir el coche y que no me dé ningún problema.

—Y ¿no es eso lo que queremos todos? —afirmó La Madre—. De hecho, lo que de verdad querría es olvidarme de tener que cuidar mi coche. Lo único que quiero es que vaya bien. Pero llega un momento en que el anuncio empieza a despertar mi atención.

—¿Qué sucede?

—El tipo se acerca mucho a la cámara y dice tranquilamente: «Pueden pagarme ahora o...». Entonces la escena se corta para dejar paso a la toma de un una gran grúa (o lo que sea eso) que está arrancando el motor de un coche. Y aquí el tipo termina su frase: «... o pueden pagarme más tarde».

La madre al minuto echó una carcajada y dijo:

—Por supuesto, eso es cierto para muchos aspectos de la vida. Podemos pagar un pequeño precio ahora o un precio muy alto más tarde.

»Las reprimendas al minuto funcionan porque te ayudan a pagar un precio barato ahora (tratando de atajar de inmediato el comportamiento inaceptable) y te evitan así tener que pagar un precio mucho más alto luego (como el tipo de problemas serios que deben afrontar muchas familias).

—Y lógicamente, cuando aparecen estos problemas graves —apuntó la joven—, no afectan sólo al niño, sino a toda la familia.

—Eso es cierto. Sigamos con el ejemplo del coche y el aceite —sugirió La Madre—. El funcionamiento normal del coche causa desgastes y averías en las piezas del motor. El aceite lubrica estas piezas, permitiendo que se deslicen con más suavidad unas sobre otras, es decir, reduciendo la fricción. Sin embargo, si nos olvidamos del aceite, la tensión aumentará en el motor, y finalmente todo acabará por venirse abajo.

»Lo mismo ocurre con nuestros hijos. El funcionamiento normal de sus vidas incluye los desgastes y *averías* que provocan los errores. Siempre va a haber problemas. Es parte de la vida.

»Si ignoramos los problemas, éstos empeoran.

»Pero el verdadero problema no son los problemas, sino el modo en que los resolvemos. Y eso es lo que más me gusta de las reprimendas al minuto, que son una forma agradable de tratar con una situación desagradable.

—¿Cómo va a ser agradable una reprimenda? —preguntó la joven.

—Antes de responder a eso —contestó la madre al minuto—, deje que le haga una pregunta: ¿Cuál es el mayor miedo de un niño?

—No lo sé —respondió.

—Piense en usted misma cuando era niña. ¿Cuál era el suyo?

La joven reflexionó un momento.

—Me acuerdo que cuando era muy pequeña —comenzó—, solía pensar que era rara o algo así, porque tenía miedo de que mis padres me abandonaran en un supermercado o una tienda y que no sería capaz de volver a casa sola.

»Cuando ellos salían de noche y yo me quedaba con una niñera, me preocupaba que no fueran a volver. Sé que suena extraño, pero aún recuerdo esa sensación.

—Y le asustaba, ¿verdad?

—Claro que sí. Por supuesto, mis padres eran estupendos. Nunca se apartaban de mí. Pero, aun así, yo me preocupaba mucho.

—Es normal. El miedo al abandono es el mayor temor de los niños.

»Y ése es el motivo por el que funcionen tan bien con ellos las reprimendas al minuto. Aunque no se hayan portado correctamente, incluso si se han portado muy mal, no se les rechaza, no se les abandona.

»La clave del éxito de una madre con las reprimendas al minuto es que sabe distinguir entre el comportamiento de su hijo y su valor como persona.

»El niño al que se ha reñido siente que su comportamiento reciente no es aceptable, pero que él sí lo es.

—¡Eso es estupendo! Así el niño se siente seguro —dijo la joven.

—Sí —confirmó La Madre—. Por eso la segunda parte de la reprimenda es tan importante.

—¿La parte en la que se le recuerda al niño que es una buena persona y que es muy querido?

—Sí, ésa es la parte crucial de la reprimenda.

—¿Por qué es tan importante? —quiso saber la futura madre—. ¿Qué ocurre si una madre le dice a su hijo de una forma absolutamente clara lo triste que está por su comportamiento, pero nada más?

—Eso es precisamente lo que hacen muchas madres. Y, como habrás observado, no suele funcionar. Sólo se consigue que el niño se ponga a la defensiva y actúe con resentimiento.

»Parece que es sólo una pequeña diferencia, pero en realidad cambia bastante las cosas.

La joven sonrió y dijo:

—Como las dos mujeres de la cabina.

Ahora fue La Madre quien preguntó:

—¿Cómo?

—Una mujer tiene nueve centavos...

Entendiéndolo, la madre sonrió y dijo:

—... Y la otra tiene diez.

La futura madre asintió:

—Esa pequeña diferencia cambia bastante las cosas[*].

—Es un ejemplo excelente —dijo la mujer.

—Así que —resumió—, lo que quiere decir es que la diferencia entre el éxito y el fracaso reside en que el niño al que se ha reprendido, que se sentirá mal porque se le ha afeado su conducta, se sienta bien consigo mismo o no.

[*] En Estados Unidos la cantidad mínima de dinero que ha de introducirse en una cabina para llamar por teléfono es de diez centavos (N. del T.)

—¡Exactamente! —contestó La Madre—. ¿Entiende por qué esto es tan importante?

—No estoy segura —dijo la joven.

—¿Qué ocurre cuando exprimes una naranja? —preguntó la mujer—. ¿Qué obtienes?

—Zumo de naranja —respondió. Y pensó «Lo está haciendo otra vez». Le encantaba el modo en el que aquella mujer le sacaba lo que ya sabía pero de lo que aún no era consciente. Se sentía bien.

—Por supuesto —accedió—. ¿Podría obtener mosto?

—No, claro que no. No de una naranja.

—Y ¿si la exprimiéramos más?

La futura madre se rió y dijo:

—Sería una pérdida de tiempo. Ya sabemos qué es lo que saldrá de ella.

—Piense de nuevo en lo que acaba de decir —sugirió—. Sabemos que si metemos presión a algo, lo más que podremos sacar es lo que ya tiene dentro, ¿verdad?

»Cuando metemos presión a nuestros hijos, lo que sale al exterior (el comportamiento del niño) no es más que lo que ya había dentro (su autoestima).

»Nuestro trabajo como padres consiste simplemente en educar niños que crean en sí mismos.

»Los niños que creen de verdad en sí mismos se gustan a sí mismos. Y entonces te ayudan en tu labor educativa y el trabajo se vuelve mucho más fácil.

»Como habrá oído en diversas ocasiones desde que empezó a descubrir los tres secretos de la educación al minuto, a los niños que se gustan a sí mismos les gusta portarse bien. Cuando crecen se convierten en adultos felices y productivos, y son un placer para los padres.

»Por supuesto, el educador más importante no es usted.

La joven, sobresaltada, dijo:

—Espero que no vaya a decirme que es el padre.

—¡No! —soltó la madre riéndose—, padres y madres son igual de importantes. De hecho, una de las mejores cosas de la educación al minuto es que funciona tanto si se aplica entre dos como si lo pone en práctica sólo uno.

»El educador más importante para un niño no es usted, sino el "educador interior" que desarrolla cada niño dentro de sí. El educador que cada niño lleva dentro de sí irá siempre con él y le ayudará en todas sus decisiones.

»Lo que uno quiere para su hijo no es la disciplina, sino la autodisciplina. Cuando está creciendo, el tipo de disciplina que le mostramos es un buen modelo de referencia. Pero sólo se trata del primer paso de un camino en el que descubrirá algo mucho más importante: el inestimable sentido de la disciplina personal.

Lo importante para los padres
no es tanto
lo que ocurre
cuando están delante,
sino lo que sucede
cuando no están.

—El buen juicio de mis hijos se desarrolla mejor cuando saben cómo están actuando.

—¿Funciona en ambas direcciones? —preguntó la joven—. Es decir, ¿llegaron sus hijas a contarle cómo se sentían con su forma de hacer las cosas?

—¡Claro! —respondió la madre al minuto—. Y eso es importante. Si los niños tienen que ocultar su enfado o frustración respecto de algo que no va bien en casa, se vuelven muy molestos. Andan alicaídos, no escuchan, actúan con resentimiento... —sonrió y dijo—: Empiezas a creer que son mártires.

»A veces estaba tan ocupada con otras cosas que se me olvidaba lo importante que era algo para mis hijas. Para ellas, era como si no me preocupaba por sus cosas.

»Sin embargo, después de que pusieran las cartas sobre la mesa, empezamos a darnos cuenta de que se trataba más de un problema de comunicación que de cariño.

—Deduzco —dijo la joven— que el problema no duró mucho.

—No, claro que no. Yo les había dejado bien claro a mis hijas que al igual que yo contaba con su respeto, ellas podían contarme lo que sentían siempre que no me atacaran como persona. Cuando me respetaban, yo escuchaba lo que me decían.

—Así que usted escuchaba realmente a sus hijas.

—Sí. Me gustaba que ellas me escucharan a mí. Y la mejor forma para conseguir eso era…

—Escucharlas usted a ellas —concluyó la chica.

La Madre sonrió y dijo:

—Creo que Albert Schweitzer lo enunció mucho mejor.

Los niños aprenden
de tres maneras:
con el ejemplo,
con el ejemplo
y con…

—… el ejemplo —añadió la joven.

—Veo que lo ha entendido. Y uno de los mejores ejemplos que puedo ofrecer a mis hijos es que no pasa nada por que nos enfademos. Los niños ven que los sentimientos, incluso los sentimientos negativos, pueden expresarse sin miedo si se expresan a tiempo, cuando aún son pequeños.

—Yo pensaba que expresar lo que una siente también ayudaría a que las madres estresadas evitaran la pesadilla del maltrato.

»Es decir, entiendo que una de las razones por las que las madres tratan mal a sus hijos (física o emocionalmente) es que dejan crecer las cosas hasta que ya no pueden con ellas, y entonces explotan cuando menos te lo esperas.

—Éste es un punto muy importante. Y usando métodos pacíficos de disciplina, como es la reprimenda al minuto, se consiguen dos cosas: liberar tus sentimientos y fortalecer a tus hijos.

—¡Y las dos cosas al mismo tiempo! —apuntó la joven—. Sí, y lo mejor es que la madre al minuto no se siente culpable; no ha de preocuparse de que sus hijos crezcan sintiéndose mal consigo mismos; se libera de la culpa que afecta a la mayoría de las madres; y sabe que habrá alimentado la autoestima de sus hijos, lo que les reportará una vida plena, aunque no estén sus padres.

»Quizá encuentre esto interesante. Es una plaquita que he creado para que me recuerde cómo marcarme objetivos —los objetivos al minuto— y cómo repartir las consecuencias —los elogios y las reprimendas— que afectan al comportamiento.

Los objetivos
ponen en marcha
las conductas.

Las consecuencias
sustentan
las conductas.

—¡Eso está muy bien! —exclamó La Madre.

—¿De verdad lo cree? —preguntó la joven, deseando oír el cumplido de nuevo.

—No quiero parecerle grosera, pero no tengo tiempo para repetirme —dijo la madre.

Justo cuando la joven pensaba que la iban a felicitar, se dio cuenta de que estaba recibiendo una sutil reprimenda al minuto, algo que pretendía evitar. La inteligente joven mantuvo el gesto serio y dejó escapar un:

—¿Qué?

Ambas se miraron durante un momento antes de estallar en carcajadas.

—Usted me gusta—dijo la madre al minuto—. Tiene sentido del humor. Quiere aprender a hacer las cosas bien, por usted y por sus hijos, pero no se tome a sí misma demasiado en serio.

»Dígame, ¿cuándo dará a luz?

—En tres meses —respondió.

—Va a ser una madre estupenda. Su hijo será muy afortunado.

Se despidieron dándose un cálido abrazo, lleno de mutua admiración y respeto, y se separaron deseándose lo mejor.

Durante los siguientes años, la joven comenzó a poner en práctica todo lo que sabía. Y por supuesto, consiguió unos resultados estupendos.

Porque, finalmente, sucedió lo inevitable.

Se convirtió en una madre al minuto.

La nueva madre al minuto

No se convirtió en una madre al minuto por lo que sabía, sino por lo que hizo.

Animó a programar objetivos al minuto.

Hizo elogios al minuto.

Echó reprimendas al minuto.

Sabía, por supuesto, que ser una buena madre llevaba más de un minuto. Pero pronto aprendió que usando estas tres vías de comunicación con sus hijos, cada minuto que pasaba con ellos era mejor.

Abrazó a sus hijos, les habló con la verdad desnuda por delante, les mostró sus sentimientos sin tapujos y se rió cuanto pudo.

Y, quizá lo más importante de todo, animó a cada uno de sus hijos a utilizar los mismos tres métodos de comunicación con ella.

Incluso creó una especie de juego sobre la educación al minuto. Le dio una copia a cada uno de sus hijos para recordarles que la vida no sólo era una preciosa aventura que había que respetar y valorar, sino también un juego que debía disfrutarse.

Plan de Juego de la Madre al Minuto

Enseño a mis hijos a que se gusten a sí mismos
y a que les guste portarse bien.
Y disfruto en el proceso.

• Marco objetivos, y luego elogio o reprimo conductas.
• Hablo con franqueza y expreso mis sentimientos de forma
abierta y clara.
• Abrazo a mis hijos y me río a menudo.

Y LES ANIMO A QUE ELLOS HAGAN LO MISMO.

SALIDA

Marcar nuevos objetivos ——— Aclarar los objetivos

OBJETIVOS AL MINUTO
Un objetivo es un sueño al que se ha puesto plazo
(En una hoja de papel y que pueda leerse en un minuto)

Objetivos logrados   Objetivos incumplidos
(aunque sea parcialmente)

¡GANAS!   ¡PIERDES!

Pasas a   Vuelves a la salida y pasas a

ELOGIOS AL MINUTO   **REPRIMENDAS AL MINUTO**
• Elogio el buen comportamiento   • Reprendo los malos
• Explico a mis hijos qué hicieron   comportamientos
  bien   • Explico a mis hijos qué hicieron mal
• Les explico cómo me siento   • Les explico cómo me siento
• Hago una pausa para que lo noten   • Hago una pausa para que lo noten
• Abrazo a mis hijos y…   • Toco a mis hijos
• Les digo cuánto les quiero   • Les recuerdo que saben hacer las
                                           cosas mejor; que ellos son buenos,
                                           pero su comportamiento no lo ha
                                           sido
                                         • Abrazo a mis hijos y…
                                         • Les digo cuánto les quiero
                                         • Lo pasado, pasado está

PROCESO CULMINADO   VUELTA A LA SALIDA
CON ÉXITO

Un regalo para ti y para tus hijos

Muchos años después, aquella mujer que había sido joven recordó la primera vez que había oído hablar de los principios de la educación al minuto. Se alegraba de haber escrito todo lo que había aprendido de la madre al minuto.

Había transcrito sus notas en un pequeño libro del que había regalado ejemplares a mucha gente.

Se acordó del señor Merrick, el vecino de la madre al minuto, que la telefoneó para decirle:

—No puedo estarle más agradecido. Estoy usando los tres secretos de la educación al minuto y han supuesto una gran mejora en mi familia. Quizá le gustaría saber que he pasado por varias situaciones que son exclusivas de un padre. Aunque los principios son los mismos, he descubierto que existen algunas diferencias cuando son los hombres quienes los aplican.

—¡Eso es muy interesante! —dijo ella—. Ahora que lo menciona, recuerdo que la primera madre al minuto me contó que había aprendido mucho de un hombre de su vecindario, alguien a quien llamaban el padre al minuto. Tal vez quiera hablar con él sobre las diferencias existentes entre que sea un hombre o una mujer quien eduque a sus hijos. Quizá le sea de ayuda.

Merrick dijo que investigaría el asunto. Después, volvió a darle las gracias y colgó.

Estaba encantada de que otros padres usaran también la educación al minuto.

Al pensar en el pasado, sonrió. Recordó cuánto había aprendido de la primera madre al minuto y de lo agradecida que estaba.

La nueva madre también se alegraba de haber sabido llevar sus conocimientos un poco más allá. Al regalar ejemplares a sus familiares, amigos y vecinos había resuelto muchos problemas prácticos.

Casi todo el mundo que la conocía sabía de primera mano lo que estaba haciendo y por qué.

También pudieron enterarse de por qué las técnicas de la educación al minuto —objetivos, elogios, reprimendas—, tan aparentemente sencillas, funcionaban tan bien.

Cada persona que tenía su copia del texto podía leerlo y releerlo a su propio ritmo, hasta que pudiera entenderlo y sacarle partido para su situación personal. La madre conocía muy bien las ventajas prácticas de repetir el ejercicio a la hora de aprender algo nuevo.

Compartir estos conocimientos de una forma tan sencilla y sincera le había ahorrado, por supuesto, un montón de tiempo. Y evidentemente le había facilitado mucho la vida.

Muchas otras personas de su familia y de su vecindario se habían convertido en padres al minuto. Y ellos, a su vez, habían hecho lo mismo con otras personas.

Su familia se había vuelto más alegre y el vecindario un lugar donde se vivía mejor.

Al sentarse en su casa, la nueva madre al minuto se dio cuenta de lo afortunada que era. Se había regalado a sí misma la posibilidad de conseguir mejores resultados en menos tiempo.

Tenía tiempo para pensar y hacer planes, para proporcionar a su familia la ayuda que necesitaba.

Tenía tiempo para hacer ejercicio y mantenerse sana.

Sabía que no sufría el estrés físico y mental del que otras madres eran objeto.

Y sabía que muchas de las personas que la conocían disfrutaban de los mismos beneficios.

Por supuesto, la mujer había compartido los tres secretos con su marido, que también había comenzado a usarlos. Disfrutaban apoyándose mutuamente en su esfuerzo por educar a sus hijos.

De hecho, usaban estos conocimientos en su propia relación. Y les había ayudado.

Sus hijos habían aprendido a gustarse a sí mismos y a que les gustara portarse bien.

Habían sorteado problemas que muchas otras familias conocían, como una creciente sensación de frustración y fracaso. Y no sólo habían evitado las preocupaciones habituales. También habían disfrutado de un placer inusitado. Conocían la comodidad de un hogar feliz.

Un regalo para los demás

Entonces la madre salió de casa y comenzó a caminar por el jardín. Parecía pensativa.

Se sentía bien consigo misma, como persona y como madre.

Se alegraba de haber comenzado a usar nuevas formas de comunicación, incluso aunque al principio le pareciera no ser ella misma. Se acordó de cuando empezó a cambiar su forma de empuñar la raqueta de tenis; entonces, tampoco le parecía su forma de jugar. Pero, con la práctica, las nuevas habilidades se habían convertido en una parte de sí misma.

Ahora, preocuparse por su familia tanto como para cambiar sus hábitos había dado unos resultados estupendos. Contaba con el cariño y afecto de todos sus miembros.

Sabía que se había convertido en una madre eficiente, ya que sus hijos habían aprendido a gustarse a sí mismos y a comportarse bien; y lo había disfrutado.

De repente, oyó la voz de uno de sus hijos, que, ya adulto, iba a visitarla. La llamó por la ventana:

—Lamento interrumpirte, mamá, pero hay un joven al teléfono. Quiere saber si podría venir por aquí y charlar contigo y con papá de la forma en la que nos educasteis.

La nueva madre al minuto estaba encantada. Sabía que cada vez más hombres se empezaban a interesar por las vidas de sus familias. Y de que algunos de ellos tenían tanta facilidad como ella para aprender métodos educativos eficaces.

La familia de la madre era alegre y productiva. Todos disfrutaban. Y también aquellos que les conocían. Sentaba bien estar en su situación.

—Venga cuando quiera —se oyó a sí misma decirle a quien llamaba.

Y pronto, ella y su marido se encontraron hablando con un joven.

—Estamos encantados de poder compartir nuestros secretos educativos contigo —dijo la nueva madre al minuto, mientras acompañaba a su huésped a un sillón—. Sólo te pediremos algo a cambio.

—¿El qué? —preguntó él.

—Tan sólo —comenzó el padre—...

Compártelo con los demás.

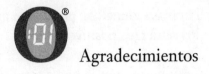 **Agradecimientos**

Durante todos estos años he aprendido mucho de mucha gente. Me gustaría agradecérselo haciendo un elogio público de las siguientes personas:

Dr. Gerald Nelson, creador de la *educación al minuto*, por todo lo que me enseñó acerca de las diferencias entre el comportamiento y la valía personal.

Dr. Kenneth Blanchard, por lo que me enseñó acerca de tantos y tantos temas, sobre todo del humor y la prosperidad.

Dra. Dorothy Briggs, por lo que me enseñó sobre la autoestima en los niños.

Dr. Thomas Connellan, por lo que me enseñó sobre los refuerzos positivos.

Vernon Johnson, por lo que me enseñó acerca de la intervención en momentos de crisis.

Dr. Charles McCormick, por lo que me enseñó sobre la honestidad y el contacto físico.

Earl Nightingale, por lo que me enseñó acerca de *El mayor secreto del mundo*.

Dr. Carl Rogers, por lo que me enseñó acerca de la sinceridad y la transparencia.

Dr. R. James Steffen, por lo que me enseñó acerca de la importancia de hacer lo que es más importante en cada momento.

Dr. Thomas Gordon, por lo que me enseñó sobre el significado de escuchar y cooperar.

Nelson Burton (padre) y Nelson Burton (hijo), por lo que me enseñaron acerca de lo que significa ganar.

Sobre el autor

El doctor Spencer Johnson es uno de los autores más respetados y queridos del mundo. Ha enseñado a millones de personas a disfrutar una vida mejor a través de la aplicación de verdades sencillas y profundas que fomentan el desarrollo y el éxito en el trabajo y en la casa.

Por sus inspiradoras y amenas historias que hablan directamente al corazón y al alma, es considerado el escritor más hábil para tratar temas complejos y proponer soluciones sencillas y eficaces.

El doctor Johnson es autor y coautor de varios libros incluidos en las listas de éxitos de ventas del *New York Times*, entre ellos, *¿Quién se ha llevado mi queso? Cómo adaptarnos a un mundo en constante cambio* y *El ejecutivo al minuto* —el más prestigiado método de administración en el mundo— escrito en colaboración con Kenneth Blanchard.

Después de obtener la licenciatura en psicología en la University of Southern California (Universidad del Sur de California), el doctor Johnson realizó un doctorado en el Royal College of Surgeons (Colegio Real de Cirujanos) y cursó estudios de administración de instituciones de salud en la Mayo Clinic (Clínica Mayo) y en la Harvard Medical School (Escuela de Medicina de Harvard).

Fue Director de Comunicaciones de Medtronic, empresa inventora del marcapasos cardiaco; investigador en The Institute for Inter-Disciplinary Studies (Instituto de Estudios Interdisciplinarios); asesor de The Center for Study of the Person (Centro para el Estudio de la Persona), y recientemente fue miembro del cuerpo docente y la junta rectora de la Harvard Business School (Escuela de Administración de Harvard).

Su trabajo ha recibido la atención de importantes medios de comunicación, entre ellos, CNN, *Today Show*, *Time Magazine*, BBC, *Business Week*, *New York Times*, *Readers Digest*, *Wall Street Journal*, *Fortune*, *USA Today*, Associated Press y United Press International.

Sus libros se han traducido a cuarenta idiomas.

Who Moved My Cheese? LLC
1775 West 2300 South
Suite B
Salt Lake City, UT, USA 84119
Phone: 801-428-0472
Fax: 801-428-0476
e-mail: info@whomovedmycheese.com
www.whomovedmycheese.com

Una nueva obra del autor de
¿Quién se ha llevado mi queso?

Spencer Johnson

El Presente

¿Cómo descubrir el presente? ¿En qué consiste? ¿Qué se puede hacer para aprovechar el momento, *Carpe Diem*, y lograr los objetivos que nos proponemos en el trabajo y la vida cotidiana? Spencer Johnson nos regala una sencilla historia sobre un joven que descubre la manera de vivir y trabajar siendo más feliz… ¡a partir de ya!

El Presente proporciona fórmulas sencillas y eficaces para disfrutar de una paz mental, sentirse más vivo y ser más productivo en el día a día.

«Spencer Johnson es el rey de las parábolas.» *USA Today*

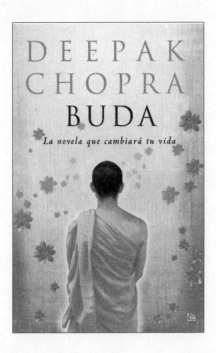

Deepak Chopra narra la vida de una persona absolutamente fuera de lo común, que empezó siendo heredero
de un gran reino y que decidió abandonar su hogar muy
joven para explorar el mundo. Después de consagrarse al
rezo y a la meditación, y de ayudar a los pobres y enfermos, descubrió que su cuerpo y su mente se habían libe-
rado de las pasiones terrenales y se convirtió en Buda, el
Iluminado.

«Chopra retrata con sencillez el conflicto interno natural que sufre todo aquel que va en busca de la sabiduría
espiritual y la transformación.» *PublishersWeekly*

«La historia de Buda es irresistible... Chopra captura la
esencia de quienes buscan la espiritualidad.» *Booklist*

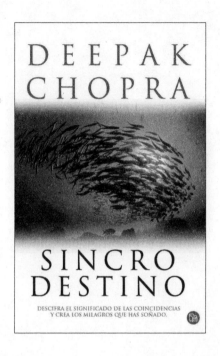

DEEPAK
CHOPRA

SINCRO
DESTINO

DESCIFRA EL SIGNIFICADO DE LAS COINCIDENCIAS
Y CREA LOS MILAGROS QUE HAS SOÑADO.

Las distintas coincidencias que nos ocurren a lo largo del
día nos transmiten un potencial milagroso... Sólo hay que
entender las fuerzas que las provocan y lograremos vivir
en un nivel más profundo y acceder al núcleo de nuestra
existencia, donde yace el flujo de la sincronicidad: un
renacimiento que nos traerá nuevas maneras de percibir y
de ser, y que transforma nuestra vida en una experiencia
deslumbrante.

«La estrella del rock de la nueva espiritualidad.»
The Guardian

«Sin duda uno de los filósofos más lúcidos e inspirados
de nuestra época.» MIKHAIL GORBACHEV

Al diablo con
EL AMOR
Poemas para arreglar un corazón roto

INÉDITO

Mary D. Esselman
Elizabeth Ash Vélez

Todos hemos sentido el dolor o la ira por algún desengaño amoroso más veces de las que nos gustaría admitir. A través de una inigualable colección de poemas, esta obra, al tiempo apasionada, divertida y profunda, nos ofrece todo un arsenal de curación y consuelo para los sufrimientos del corazón. De Emily Dickinson a Margaret Atwood, de William Shakespeare a Pablo Neruda, un ramillete de versos que nos brindan todo su poder de superación.